DAS UNGESCHLIFFENE JUWEL

GERDA JOHST

DAS UNGESCHLIFFENE JUWEL

Ein Gottesgeschenk zur Zeitenwende

REICHL VERLAG
DER LEUCHTER
ST. GOAR

Schutzumschlag: Sylvia Izy, Ludwigshafen
Eine Höhrbuchausgabe auf 7 CDs, gelesen von Gerda Johst,
erschien beim Buchvertrieb Usebius (L. Müller), 83646 Bad Tölz,
und ist, wie die englische Taschenbuchausgabe „The uncut Jewel“,
ISBN 978-3-87667-126-0, beim Reichl Verlag erhältlich.

7. Auflage, 26.–28. Tsd. 2009

www.reichl-verlag.de
Gesamtherstellung: Druck- und Verlagsges. Bietigheim mbH
Gedruckt auf säurefreiem Papier: Alster WD 80g 1,5fach

ISBN 978-3-87667-121-5

INHALT

I. TEIL DIE GESCHICHTE MEINES WUNDERS

II. TEIL BOTSCHAFTEN VON JESUS

BOTSCHAFTEN MARIAS

VERSCHIEDENE AUSSAGEN

FRAGEN UND ANTWORTEN

ENGEL AN IHRE SCHUTZBEFOHLENEN

NACHWORT

I. TEIL

DIE GESCHICHTE MEINES WUNDERS

Kindheit und Religion

Die Geschichte meines »Wunders« will ich erzählen, denn wir nennen Wunder, was wir nicht wissenschaftlich erklären, nicht mit dem Intellekt erfassen und einordnen können in die Schemen des Gewohnten, Alltäglichen, Normalen. Und doch ist solch ein Wunder ebenso natürlich wie alles Leben in seinen tausendfältigen Formen; nur sind wir mit unserem Verstand noch nicht eingedrungen in die geheimnisvolle Welt des Jenseitigen, Unsichtbaren, in die strömende, fließende, atmende Wirklichkeit des geistigen Lebens. Freilich gibt es Menschen, die davon wissen: eingeweihte, suchende, forschende, gläubige und tief religiöse Menschen. Ich gehörte nicht zu diesen. Ich hatte meinen klaren, gesunden Menschenverstand, glaubte eine gute Allgemeinbildung zu besitzen, lebte als »rechtschaffener Mensch«, wie man so sagt, und war zufrieden.

Bis eines Tages das Wunder geschah: der Einbruch der jenseitigen Welt in mein diesseitiges Leben und das unfaßbare Erkennen der Wirklichkeit Gottes.

Eigentlich begann die Geschichte meines Wunders schon in meiner Kindheit, nur hatte ich das längst vergessen. Für ein Kind ist alles Wunder: jede Blume, jedes Tier, und es gibt keine Grenzen zwischen Himmel und Erde. Der väterlich liebende Gott war für mich damals so lebendig wie ein Mensch. Es war mir auch ganz selbstverständlich, daß ich ihn verstehen konnte, wenn er zu mir sprach, und mir wäre niemals der Gedanke gekommen, daß das etwas Ungewöhnliches sei.

Ich hatte eine überaus glückliche Kindheit. Wenngleich meine Eltern weder dem katholischen noch dem evangelischen Glauben angehörten, waren sie doch keine Atheisten und ließen mich gläubig aufwachsen.

Wir wohnten am Tegernsee. Die nachbarlichen Bauernhöfe, die Berge, die glitzernde Weißach und die Wälder, in denen in morschen Baumstämmen und Wurzeln Gnome oder Feen ihr geheimnisvolles Leben führten; der Blumengarten meiner Mutter, der geliebte See; sonnige Sommer und schneereiche Winter — das sind die Bilder meiner Kindheit, die wie Märchen in meiner Erinnerung liegen.

Mein Vater, ein gebürtiger Hamburger, war Kunstmaler. Verstimmt über Kirche und Klerus, hatte er sich, einem starken Bedürfnis nach geistiger Freiheit folgend, vom evangelischen Glauben, in dem er aufgewachsen war, abgewandt. Meine Mutter, eine Baltendeutsche aus Riga, aufgewachsen in dem damals tiefreligiösen Rußland, ist wohl manchmal ein wenig traurig darüber gewesen, doch sie fügte sich den Anschauungen ihres Mannes, der sie zu überzeugen verstand. Sie erzählte mir aber oft von den unvergleichlich schönen Oster- und Weihnachtsfesten ihrer Kindheit, von denen wir »nüchternen Deutschen« hier uns gar keine Vorstellung machen könnten.

Meine Eltern hatten sich 1914 in Wjatka, der letzten Gouvernementstadt vor dem Ural, kennengelernt. Sie sprachen beide Russisch. Die russischen Volkslieder waren mir so vertraut wie die oberbayrischen, denn es wurde bei uns viel gesungen und musiziert. Mein Vater spielte Zither und Gitarre, und mit sechs Jahren bekam ich auch Zitherunterricht. Später, als ich zwölf Jahre alt war, erfüllte mir mein Vater meinen größten Wunsch mit dem Kauf eines Klaviers.

Ich war das einzige Kind meiner Eltern, doch fühlte ich mich niemals einsam, denn es gab genug Kinder, die bei uns ein- und ausgingen und immer gern gesehene Gäste waren. Und dann die Tiere! Sie waren alle »Familienmitglieder«: der Dackel, der Spitz, der zahme Rabe, Kanarienvögel, Sittiche, Hasen, Katzen — was immer so im Laufe der Jahre zu uns ins Haus kam.

Schon früh machte mich mein Vater auf das indische Wort »tat twam asi« aufmerksam: »Das bist du«. Diese hinduistisch-buddhistische Einstellung zum Tier, die dem Menschen Demut auferlegt vor der Schöpfung und Ehrfurcht vor dem Leben, galt uns als selbstverständlich. In allen Wundern der Natur in ihrer Schönheit und Fülle sah ich ganz bewußt das Wirken Gottes.

Besonders beeindruckte mich einmal die Verwandlung einer Raupe zum Schmetterling. Es war eine ungewöhnlich schöne, langhaarige Raupe, die ich gefunden hatte und im Terrarium hielt. Eines Tages spann sie sich ein. Beginnend am Ende ihres Leibes, zog sie mühsam Faden um Faden um sich herum, bis nur noch ihr Köpfchen mit den blanken, schwarzen Augen hervorschaute und schließlich auch dieses noch verhüllt wurde. Mir war ganz weh um das schöne, geliebte Tierchen, als es so in seinem selbstgebastelten Sarg verschwand. Ich weiß nicht mehr, wie lange ich die graue Puppe verwahrt hatte. Ich vergaß sie. Doch glücklicherweise bemerkte mein Vater eines Morgens ihr Aufbrechen. Er weckte mich und auch meine Mutter, und aufgeregt beobachteten wir dann das Ausschlüpfen eines Schmetterlings, der zitternd seine wunderschönen Flügel entfaltete und neugeboren in den strahlenden Sommertag entflog.

Daß wir keiner Religionsgemeinschaft angehörten, bemerkte ich erst in der Schule. Doch störte es mich nicht, denn ich schloß mich beim Religionsunterricht abwechselnd der katholischen und der evangelischen Schülergruppe an. Den täglichen Religionsstunden, die unsere Lehrerin gab, folgte ich mit großem Interesse und geriet dadurch in eine tiefe Gläubigkeit. Jeden Abend betete ich zu Gott und vertraute ihm alles an, was mein Kinderherz bewegte. Wenn ich besonders schwerwiegende Fragen hatte, hörte ich auch seine Antworten, nicht mit den Ohren, sondern im Kopf. Das schien mir ganz natürlich, denn ich sprach meine Gebete ja auch nicht mit dem Mund, sondern dachte sie nur. Hatte ich Kummer oder Sorgen, blieb ich nie ohne Trost. Die Sorgen der Kindheit!! War etwa mein Dackel fortgelaufen, und bat ich Gott inständig, er möge mir den geliebten Spielgefährten wieder zuführen, dann hörte ich tröstende Worte wie diese: »Weine nicht! Morgen kommt der Postbote; er weiß genau, wo dein kleiner Hund ist, und sagt es euch. Dann kannst du ihn wieder nach Hause holen.« Derartige Versprechungen erfüllten sich immer.

Zu Jesus betete ich nie. Das kleine Jesuskind, das weihnachtliche Christkind und der Gekreuzigte in seinem Leiden, seiner Qual waren begrifflich schwer vereinbar für mich. Die ländlichen Kruzifixe mochte ich nicht anschauen, zu schrecklich war mir die Darstellung dieses grausamen Mordes, und ich verstand auch nicht den Sinn der Erlösung, der in diesem schmachvollen Tod liegen sollte.

Zu Maria hingegen hatte ich ein sehr inniges Verhältnis. Auf dem großen Bild des Kriegerdenkmals an der Egerner Kirche, das mein Vater gemalt hatte (es wurde im Laufe der Jahrzehnte von der Witterung zerstört), glich sie, als Himmelskönigin dargestellt, ein wenig meiner Mutter. »Die Marienverehrung ist das Beste vom ganzen Katholizismus«, hörte ich meinen Vater einmal sagen — und ich verehrte Maria.

Ich war etwa sieben oder acht Jahre alt, als mich eine Religionsstunde in die größte seelische Erregung brachte. Es wurde über den Sinn und die Notwendigkeit der Taufe gesprochen, und ich wußte, daß ich nicht getauft war. Gleich nach dem Unterricht ging ich zu unserer Lehrerin, die ich sehr gern hatte. Sie wußte nichts von diesem Versäumnis meiner Eltern und sah mich ein wenig erstaunt an, als ich sie fragte, wie es denn sei, wenn ein getaufter Mensch stirbt, der sein Leben lang nur böse war, aber kurz vor seinem Tod all seine Sünden bereut — ob der wohl in den Himmel käme? »Wenn seine Reue tief und ehrlich ist, dann wird ihm Gott in seiner Barmherzigkeit gewiß verzeihen und ihn im Himmel aufnehmen«, antwortete sie. »Wenn nun ein anderer stirbt, der nicht getauft ist, aber sein Leben lang nur Gutes getan hat: kommt der etwa nicht in den Himmel?«, wollte ich weiter wissen. »Wenn er nicht getauft ist, kann er nicht in den Himmel kommen, denn die heilige Taufe ist nun einmal die Voraussetzung dafür, daß uns das Himmelstor aufgetan wird.« Ich war zutiefst bestürzt über diese Auskunft. Ich weiß nicht mehr, ob es Tage oder Wochen waren, in denen mich die Angst, ungetauft zu sterben, aufs schwerste belastete.

Meinen Eltern sagte ich nichts davon, doch überwand ich schließlich meine Schüchternheit und vertraute mich dem evangelischen Pfarrer des Ortes an mit der Bitte, er möge mich taufen. Dieser Geistliche, der mit meinen Eltern gesellschaftlichen Umgang pflegte, mag die Not des Kinderherzens sogleich erkannt haben. Er besuchte bald darauf meinen Vater und bemühte sich, ihm in einem langen Gespräch die Erlaubnis für meine Taufe abzuringen. In höchster Aufregung verfolgte ich, im Nebenzimmer lauschend, die Auseinandersetzung der beiden Männer. »Ich taufe Ihnen die Kleine, obwohl Sie nicht mehr unserer Kirche angehören. Ich taufe sie, weil mir leid ist um das Kind, das außerhalb jeder christlichen Gemeinschaft steht, obwohl es tief gläubig ist«, hörte ich den Pfarrer sagen. »Das geht gegen meine Weltanschauung, das können Sie nicht von mir verlangen«, erwiderte mein Vater. Und nachdem er in temperamentvollen Worten seine »Weltanschauung« dargelegt hatte, lehnte er das Angebot des Geistlichen mit der Erklärung ab, wenn ich erwachsen sei, könne ich es halten, wie ich wolle; jetzt aber wäre das schon so in Ordnung.

Als ich in jener Nacht, tief unglücklich über mein nun vermeintlich endgültiges Ausgestoßensein (wie ich es empfand) nicht einschlafen konnte, erlösten mich wieder einmal aus meiner seelischen Not die tröstenden Worte meines Lieben Gottes, die ich ganz deutlich hörte. So wichtig, wie man es mir erzählt habe, sei das gar nicht mit der Taufe, sagte er, und er, der Vater im Himmel, liebe ein jedes seiner Menschenkinder in gleicher Weise, ob es getauft sei oder nicht. Dann versprach er mir, daß er mich ganz gewiß dereinst in seinen Himmel aufnehmen werde, und fügte hinzu, daß bis dahin aber noch viele, viele Jahre vergehen würden; denn ich hätte noch lange zu leben auf der Erde. — Sehr, sehr glücklich und für alle Zeit beruhigt, schlief ich an jenem Abend ein, nachdem ich im Gefühl inniger Dankbarkeit Gott versprochen hatte, mich auf jeden Fall taufen zu lassen, sobald ich erwachsen sei.

Ich habe dieses in kindlichem Ernst feierlich gegebene Versprechen nicht gehalten.

Jugend und Abkehr vom Glauben

Wenn ich weiterblättere im Buch meiner Erinnerungen, finde ich keine Märchenbilder mehr. Von Jahr zu Jahr schien sich der Himmel über den heimatlichen Bergen mehr zu verdunkeln. Wir hatten Krieg. Nun riß allmählich das Band, das mich als Kind noch fest mit dem Schöpfer vereinte. Es riß nicht auf einmal, ganz langsam löste sich Faden um Faden, und jeder hinterließ eine schmerzende Wunde, die nur schwer vernarbte. Da wurden die Klagen und Anklagen des Herzens so laut, daß kein Raum mehr blieb für die leise, vertraute Stimme aus der jenseitigen Welt, und das Lauschen in die Stille der Nächte wurde übertönt von der Fülle der eigenen Gedanken. Wo sollte auch Gott sein, wo der Himmel, in den ich als kleines Mädchen so unbedingt wünschte, dereinst eingelassen zu werden, kreisten doch Milliarden von Sternen im Weltall in Entfernungen, deren bloße Vorstellung einem den Verstand raubte?

Auf dem Gymnasium gehörte ich zu den Schülern, die sich »gottgläubig« nannten, ein Begriff, der damals in Deutschland für Konfessionslosigkeit aufkam. Religionsunterricht war ohnehin zum Nebenfach geworden. Ich wollte nun auch gar nicht mehr einer der christlichen Gemeinschaften angehören, denn ich begann allmählich, meinen Vater mit seiner Weltanschauung zu verstehen. Ich las sehr viel als junges Mädchen. Sehr fesselte und erregte mich damals das Buch »Die Welträtsel« des Zoologen Ernst Haeckel. Im Kapitel »Wissen und Glauben« verurteilt Haeckel jeglichen religiösen Glauben als unvernünftigen, durch falsche Wahrnehmungen und Phantasiedichtungen erzeugten Aberglauben, der den klar erkannten Naturgesetzen widerspricht. So heißt es dort u. a.: »In den indischen und ägyptischen Religionen, in der hellenistischen und römischen Mythologie, im Talmud wie im Koran, im Alten wie im Neuen Testament denken, sprechen und handeln die Götter ganz wie die Menschen, und die Offenbarungen, in denen sie uns die Geheimnisse des Daseins enthüllen, die dunklen Welträtsel lösen wollen, sind Dichtungen der menschlichen Phantasie. Die ‚Wahrheit', welche der Gläubige darin findet, ist menschliche Erfindung, und der kindliche Glaube an diese unvernünftigen Offenbarungen ist Aberglaube.« Weiter schreibt Haeckel, die wahre Offenbarung, d. h. die wahre Erkenntnis sei nur in der Natur zu finden. Auch was man »Seele« nennt, sei nur eine Naturerscheinung und der Glaube an die Unsterblichkeit der Seele wissenschaftlich unhaltbar.

Was für eine geistige Kraft aber die Natur gestaltet hat, was für ein Wille die unwissende Materie lenkt und all die Wunder des Lebens bewirkt, wie etwa die Verwandlung Raupe-Schmetterling: für dieses größte aller Welträtsel fand ich in jenem Buch keine wissenschaftliche Erklärung.

Wenn mich auch die Ausführungen des großen Zoologen noch nicht von der Sinnlosigkeit unserer Religion zu überzeugen vermochten, so gerieten mir doch im weiteren immer wieder Bücher in die Hände, in denen ich Grausamkeiten über Grausamkeiten geschildert fand, die im Zeichen des Kreuzes verübt worden waren (im 30-jährigen Krieg, bei den Hugenottenverfolgungen und Kreuzzügen). Das Schrecklichste und schließlich wohl Entscheidende für meine Abkehr vom Glauben aber waren mir die in grauenvoller Ausführlichkeit berichteten Verbrechen der Inquisition.

Ich sann in jener Zeit viel über den Begriff »Teufel« nach. Wie sollte man diesen jahrhundertelang überall vermuteten Satan der Christenheit verstehen? Ein böser Geist, der den allmächtigen Gott haßte, war ja noch denkbar, wenn man das Adjektiv »allmächtig« vor »Gott« wegließ. Daß dieser Teufel aber gegen jede Logik die Menschen, die sich zu ihm bekannten, seinen Einflüsterungen erlagen und somit seinen verhaßten Feind, den Herrgott, schädigten, nach deren Erdenleben bestrafte, anstatt sie für ihre Mitarbeit zu belohnen, schien mir völlig widersinnig. Bestrafte er böse Menschen, so handelte er doch im Sinne einer Macht des Guten, deren Anliegen es sein mußte, das Böse zu verurteilen. Die Art der Bestrafung aber: eine ewig fortwährende Qual im Feuer der Hölle, war satanisch und konnte unmöglich von einem Gott der Liebe geduldet sein, wenn dieser allmächtig war. Hatte uns doch Jesus, der sich Gottes Sohn nannte, die Worte gelehrt: »Liebet eure Feinde; segnet, die euch fluchen; erweist Gutes jenen, die euch hassen.«

An der Kirche der Gegenwart enttäuschte mich tief ihre verantwortungslose Gleichgültigkeit den Tieren gegenüber. Schopenhauer, der für die Tiere Gerechtigkeit verlangt, wo ein schwacher Bibelspruch nur Barmherzigkeit fordert, spricht von der »himmelschreienden Ruchlosigkeit«, mit der unser »christlicher Pöbel« gegen Tiere verfährt, ohne daran von den Bewahrern der Religion gehindert zu werden. Er schreibt unter anderem, daß Brahmanen und Buddhisten, die man zum Christentum bekehren will, den tiefsten Abscheu fassen gegen die Europäer und ihre Glaubenslehre, wenn sie erfahren, wie in Europa mit Tieren umgegangen wird.

Im Kapitel XV, Parerga und Paralipomena, »Über Religion«, empört er sich unter anderem über unnötige Vivisektion und schreibt dazu: »Heutzutage hingegen hält jeder Medikaster sich für befugt, in seiner Marterkammer die grausamste Tierquälerei zu treiben, um Probleme zu entscheiden, deren Lösung längst in Büchern steht, in welche er seine Nase zu stecken zu faul und unwissend ist.«*

Ich sprach damals einmal über dieses Thema mit einer jungen Katholikin, die nur wenig älter war als ich und sehr glücklich in ihrem Glauben lebte. Sie sagte dazu: »Wer Jesus begriffen und in sich aufgenommen hat, kann ganz unmöglich grausam sein, weder gegen Menschen, noch gegen Tiere.« Ein schöner Gedanke! Wer aber hatte ihn begriffen? Wer von all jenen, die kommunizierten, nahm ihn wirklich in sich auf?, fragte ich mich. Jesus war für mich eine göttliche Idee der Liebe, ein Funke des Himmels, der nicht gezündet hatte in den Seelen der Menschen, so daß es dunkel geblieben war auf unserer Erde.

Friedrich der Große, der als erster die Folter verbot, »faßt sein Urteil in dem Satz zusammen«, schreibt Haeckel: »Man werde durch das Studium der Geschichte zu der Überzeugung geführt, daß von Konstantin dem Großen bis auf die Zeit der Reformation die ganze Welt wahnsinnig gewesen sei.« Und wahnsinnig schien sie mir wieder. Welchen Reichtum an Kultur, Kunst und höchsten Geistesgaben besaß ein jedes der Völker, die wir damals »Feinde« nennen mußten!

Ich schwelgte als junges Mädchen in der Musik Chopins, des Polen, die sich mir damals am Klavier erschloß, begeisterte mich zusammen mit meinem Vater an den Werken der französischen Maler, fühlte mich den Engländern durch ihre Ly-

* Schopenhauer starb 1860. Jetzt finden wir in den Tageszeitungen Überschriften wie: »Jährlich 14 Millionen Tiere bei Versuchen verbraucht!« Verbraucht! Was das heißt! Und davon verspricht sich die Menschheit Segen!

rik seelisch aufs innigste verbunden und ließ mir von meinen Eltern die wundervollen Epen und Balladen des Russen Lermontow ins Deutsche übertragen. Da ist man jung und erfüllt von weltweiter Menschheitsliebe — und überall wird getötet, zerstört, vernichtet...

Die Jahre vergingen. Und endlich, als alles vorbei zu sein schien, geschah das Entsetzlichste, was jemals dämonisch entfesselter Vernichtungswille auf Erden vollbrachte: der Abwurf der ersten Atombombe.

Da überkam die Menschen ein Grauen vor der Endzeit und breitete sich aus wie ein lähmender Virus: »Wir haben keine Zukunft mehr, wir sind verloren.« Verloren war der Glaube an eine hohe, göttliche Bestimmung der Menschheit, und für allezeit verloren schien mir der Glaube an Gott.

Als ich in jener traurigen, trostlosen Nachkriegszeit an einem Abend einmal die Unvollendete von Schubert hörte, weinte ich bis spät in die Nacht hinein um den verlorenen, einst so innig geliebten Vater im Himmel. Es gab ihn nicht mehr, er hatte sich aufgelöst in den Fernen des Universums und seine unvollkommene Schöpfung auf dieser Erde zurückgelassen, dem Untergang geweiht.

Zäsur und Wandlung

Die folgenden Jahre meines Lebens will ich nur kurz skizzieren. Meiner Ausbildung in der Malerei bei meinem Vater, in der Musik (Klavier) bei einem Professor in München schlossen sich Jahre der beruflichen Tätigkeit und damit verbundene Reisen an. Nach meiner Heirat lebte ich mit meiner Familie am Wörthsee/Oberbayern, wo unsere kleine Tochter heranwuchs.

Diesem glücklichen, freudenreichen Lebensabschnitt folgten, nach einem notwendig gewordenen Umzug ins südliche Münchner Landgebiet (1973), die schwersten drei Jahre meines Lebens. Mit der Pflege meiner Eltern, die wir bei uns aufgenommen hatten und die nach Schlaganfällen durch das Versagen ihrer körperlich-geistigen Lebensfunktionen schwer altersgeschädigt waren, mußte ich mehr Kraft einsetzen, als ich besaß. Dies führte schließlich zu meinem gesundheitlichen Zusammenbruch. Nach dem Tod meiner Eltern (1976) brauchte ich viele Monate, um mich wieder zu erholen.

In dieser Zeit der Ruhe und Besinnung begann ich, mich wieder mit Malerei und Musik zu beschäftigen und in alten, fast vergessenen Büchern zu lesen. Besonders fesselte mich unsere bayrische Schriftstellerin Lena Christ, zu der ich ein näheres Verhältnis habe, weil ihr Mann, der Entdecker und Förderer ihres Talents, Peter Benedix, ein enger Freund meines Vaters gewesen war. Mit dessen zweiter Frau, einer Geigerin, hatte mich eine tiefe und innige Freundschaft verbunden. Bei diesen beiden Menschen habe ich in Irschenhausen im Isartal unvergeßliche Stunden meiner Jugend verbracht.

Wenn mein »Onkel Peter«, wie ich ihn nannte, von seiner ersten Frau erzählte, schilderte er bisweilen sonderbare Erlebnisse, die er mit ihr gehabt hatte, da sie medial veranlagt war. So erfuhr ich, daß wenn sie ihre Hände ausstreckte und vor ein auf dem Tisch stehendes Glas führte, dieses Glas zu vibrieren und sich im Kreis zu drehen begann, ohne daß sie es berührte. Einmal seien plötzlich einige Blumen vor ihr auf dem Tisch gelegen, auch hätte sie allerei Zeichen und Weisungen aus dem Jenseits erhalten. Nach ihrem Tod habe sie ihrem Mann eindeutige Beweise ihres Weiterlebens gegeben, bis er sie ihrer Kinder wegen bat, damit aufzuhören. In seinem Buch »Der Weg der Lena Christ« spricht Benedix auch von diesen Wahrnehmungen. Es endet mit folgendem Satz: »So unbegreiflich und unfaßbar es erscheint, daß bei der ungeheuren Fülle, mit der die Natur ihren Reichtum verschwendet, ein Schattenbild unserer Körperlichkeit weiterleben soll, ist doch das eine gewiß: daß wir von Geheimnissen und ungelösten Rätseln umgeben sind, die uns Bescheidenheit lehren sollten und Demut vor jenem Unergründlichen, das hinter allem Sichtbaren ist.«

Als ich nun, nach drei Jahrzehnten, dieses Buch wieder las, überkam mich ein Gefühl, ja fast die Gewißheit, daß auch ich medial veranlagt sei, diese Begabung lediglich noch niemals ausprobiert hätte. In spielerisch neugieriger Weise versuchte ich daraufhin, als ich eines Abends allein war — es war Anfang März 1977 —, Kontakt aufzunehmen zur Geisterwelt, von der es ja bei Goethe heißt, daß sie nicht verschlossen sei. Dieser Versuch gelang in einer Weise, die mich zunächst faszinierte, dann aber so stark erregte, daß ich einige Nächte hindurch nicht mehr schlafen konnte. Ich fühlte mich von jenen unsichtbaren Wesen, die ich herbeigerufen und gleich dem Zauberlehrling nicht mehr bannen konnte, verfolgt und bedroht, wodurch ich schließlich in eine schwere Angstpsychose geriet.

Ich will die Schleier des Vergessens, die sich über diese Tage gelegt haben, nicht wieder aufreißen. Nur ein Erlebnis, das insofern besonders bedeutungsvoll für mich war, weil es mich vom wirklichen Vorhandensein unsichtbarer Wesen menschlicher Intelligenz überzeugte, sei kurz erzählt.

Es wäre ja denkbar gewesen, daß sich meine Wahrnehmungen, wie auch die vergleichbaren Erfahrungen anderer medialer Menschen, natürlich erklären ließen, etwa dadurch, daß menschliche Gehirnströme bei besonders starker Konzentration im Zusammenwirken mit unerforschten Erdströmungen gewisse Spannungen hervorrufen, die spukartige Erscheinungen auslösen. Auch schien es mir möglich, daß eine geheime Ausstrahlungskraft des Menschen Gegenstände zum Kreisen bringen kann (Tische, Gläser usw.), ohne daß diese berührt werden. Erpendelte Buchstaben konnten aus der Tiefe des menschlichen Unterbewußtseins gesteuert, gehörte Worte und Klopfzeichen Täuschungen sein — etwa infolge geistiger Überreizung und hoher nervlicher Anspannung —, doch die Reaktion eines Hundes läßt sich mit derartigen Auslegungen nicht erklären.

Ich hatte unseren Hund bei meinen ersten Versuchen, in die Geheimnisse der Natur einzudringen, nicht bei mir, doch hörte ich in einer jener Nächte, wie eines dieser unsichtbaren Wesen mir zuflüsterte, es könne sich mir beweisen mit seiner »Zauberflöte«, ich solle nur mit meinem Hund am nächsten Morgen spazieren gehen. Ich machte am nächsten Tag einen Spaziergang die Straße entlang, die durch weite Felder, Wiesen und Äcker führt. Unser Hund, ein kerngesunder, intelligenter Schäfercollie, lief am Straßenrand schnuppernd etwa 10 m vor mir. Auf einmal ertönte laut und deutlich einige Schritte rechts vor mir aus der Luft ein gebrochener Dreiklang, also Prim, Terz und Quint. Es waren keine Flötentöne, sondern sie lagen in der Klangfarbe etwa zwischen Äolsharfe und elektronischer Musik. Unser Hund erschrak, sprang sogleich auf die Stelle zu, aus der die Töne gekommen waren, und bellte dort in die Luft, sprang hin und her und im Kreis herum, wobei er hochgestreckten Kopfes etwas zu erwittern suchte, bellte dann nochmals kurz auf und blieb schließlich, fragend zu mir schauend, unschlüssig stehen. Nachdem nichts weiteres erfolgte und ich ihm ein beruhigendes Wort zugerufen hatte, verhielt er sich wieder gleichgültig und lief weiter des Weges voraus.

Von diesem Augenblick an überkam mich ein Grauen vor der Realität der Geistwesen, die sich offensichtlich in böser Absicht an mich geheftet hatten, denn sie begannen nun damit, mich in erschreckender Weise zu bedrohen.

Nach mehrtägigem Verheimlichen meiner Erlebnisse vertraute ich mich schließlich in ungeheurer Angst und völlig entkräftet von der unüberwindbaren Schlaflosigkeit meinem Mann an. Ich sagte ihm, daß ich in wenigen Stunden sterben müsse, weil ich von dunklen Geistern, die mir dies angekündigt hätten, bedroht und verfolgt sei. Mein Mann war entsetzt. Dem herbeigerufenen Arzt gelang es nicht, mich zu beruhigen. In meiner größten Not, als ich bereits eine Todeskälte in mir aufsteigen fühlte, die mein Herz zu ergreifen drohte, hörte ich auf einmal klar und deutlich die Worte: »Weiße Engel stehen neben dir... Mache ein Kreuz und bete zu Gott!« Erst in diesem Augenblick fiel mir ein, daß es ja selbstverständlich Gott, den höchsten und herrlichsten Geist des Universums, geben müsse, wenn es überhaupt Geistwesen gab. So weit hatte ich mich vom Glauben entfernt, daß mir der Gedanke zu beten selbst in meiner größten Not und Verzweiflung nicht gekommen war.

Nun aber schrie ich gedanklich auf zu Ihm, dem Schöpfer des Lebens, und flehte ihn an, mich zu erretten. Im gleichen Augenblick fühlte ich mich von Wärme angestrahlt, und es war mir, als würde sich eine große, starke Hand schützend über mich legen. Immer noch in höchster Erregung, bat ich nun eindringlich meine Freundin, die, von meinem Mann gerufen, zu meiner Betreuung herbeigeeilt war, sie möge mich sofort zur Kirche ins Nachbardorf fahren, wo ich mich sogleich taufen lassen wolle. Sie erfüllte mir diese Bitte, doch der bestürzte Pfarrer verweigerte mir die Taufe, zu der es, wie er sagte, der Vorbereitung bedürfe. In meiner Angst, womöglich an Herzversagen ungetauft zu sterben, erbat ich mir daraufhin von meiner Freundin, einer gläubigen Katholikin, die Nottaufe, die sie mir auch sogleich mit Weihwasser gab. Der Geistliche spendete mir danach den »großen Segen«, wie er es nannte. Es waren gute christliche Worte, die mich nun ein wenig beruhigten.

In der folgenden Nacht fühlte ich mich jäh hochgerissen. Meine Hand wurde von einer starken Kraft erfaßt, zu meiner Stirn geführt, auf die mein Daumen mit festem Druck ein Kreuz zeichnete. Dabei hörte ich die Worte: »Jesus bin ich. Ich habe dich soeben getauft.«

Man brachte mich am nächsten Tag in eine Münchner Klinik, wo sich durch Tiefschlafbehandlung meine angegriffenen Nerven wie auch mein Herz und Kreislauf stabilisierten. Nachhause zurückgekehrt, bemühte ich mich, all das Unerklärbare zu vergessen und so weiterzuleben, wie ich bisher gelebt hatte.

Das gelang mir auch für einige Wochen, bis zu jenem Nachmittag Anfang Mai 1977, der mein ganzes Leben verwandelte. Ich hatte damals, allein für mich, wohl eine Stunde lang Klavier gespielt, zuletzt den Variationensatz der As-Dur Sonate op. 26 von Beethoven, ein Werk, das mich tief bewegte. Als ich danach den Flügel schloß und mich an den Tisch setzte, um noch ein wenig zu träumen, überkam mich ein heißes Gefühl der Sehnsucht nach Gott, dessen Hilfe ich einige Wochen zuvor so deutlich verspürt zu haben glaubte.

Da geschah es mir auf einmal, daß meine rechte Hand ergriffen wurde und sich selbständig zu machen schien. Sie begann auf meinem linken Arm, an dem ich sie in leichter Verschränkung gehalten hatte, Kreise und Zeichen zu ziehen. Daraus formte sich, von meinem Zeigefinger geschrieben, mein Name mit einem Rufzeichen: »Gerda!« Als ich nun verwundert die Hand auf den Tisch legte, bildeten sich dort in großen Buchstaben die Worte: »Oben ist Gott; er liebt dich.« Erstaunt fragte ich nun: »Wer bist du, der meine Hand führt?« und erhielt, in gleicher Weise von meinem Finger gezeichnet, die Antwort: »Ein Engel Gottes.«

Nachdem ich mir geschwind Papier und Bleistift geholt hatte, überließ ich meine Hand wieder dieser sonderbaren Berührung, die sie wie ein starker Luftdruck fest umschloß, und verfolgte jetzt in großer Spannung und Erregung, wie sich auf dem Papier vor mir Wort um Wort in einer mir fremden Handschrift bildete.

Das erste, was ich aufnahm, war der Satz: »Du sollst ein Buch schreiben über Gott und die Wunder des Kosmos!« Meinem Gedanken, daß mir dies völlig unmöglich sei, folgte die Erklärung: »Du wirst alles erfahren. Du dringst ein in die tiefsten Geheimnisse.« — »Ja, d a r f ich denn das?« dachte ich nun und erhielt die Antwort: »Es ist deine Bestimmung.«

So erlebte ich zum ersten Mal das Phänomen des sogenannten »medialen Schreibens«, ein Begriff, den ich erst viel später kennenlernte. Für mich war dieses Geschehen damals einfach ein Wunder.

Nun begriff ich, daß meine ersten Erlebnisse im März jenes Jahres, die mich so sehr erschreckt hatten, nur ein notwendiger Aufbruch gewesen waren, ein erstes Zurückführen zum Glauben durch die Rettung in größter Not. Dieses Mal fürchtete ich mich nicht, sondern fühlte mich geborgen im Schutz des starken Engels, und erwartete nun voller Spannung, was weiterhin geschehen würde.

Der Engel Klarissa

Für die Verständigung mit dem Engel benutzte ich großformatige »Konversationshefte«, wie ich diese in Erinnerung an Beethoven nannte. Auch ich fühlte mich schwerhörig, denn so sehr ich auch lauschte und mich bemühte, die Worte des Engels zu verstehen, brauchte ich doch zur Unterstützung der hauchzarten Wahrnehmung die Schriftzüge.

Weil jeder Kugelschreiber oder Bleistift auf dem Papier einen gewissen Widerstand zu überwinden hat, riet mir mein Engel, für unsere Gespräche einen kleinen Plastikstift über einen Cellophan-Heftumschlag zu halten. Dieser glitt nun leichter über die Folie als der Stift über das Papier und formte eine zwar unsichtbare Schrift, die ich aber, indem sie sich bildete, Wort für Wort mitlesen konnte. So wurde mein inneres Hören durch das erfühlbare Wortbild unterstützt. Verstand ich den Engel im oberen Bereich meiner Stirn gut, blieb die Hand still; entgingen mir aber einzelne Satzteile, dann formten sich die Buchstaben zu Worten, so daß mir auch Begriffe verständlich wurden, die mir völlig neu waren. Ich nannte diese Art der Verständigung mein »überirdisches Telefon«; bis heute habe ich es täglich in Gebrauch.

Schon beim ersten Gespräch dieser Art erfuhr ich, daß es männliche und weibliche Engel gibt. »Ich bin ein weiblicher Engel, mein Name ist Klarissa«, schrieb mein Stift. »Gott hat mich zu dir gesandt zu deinem Schutz und deiner Erziehung, denn du sollst sehr viel lernen. Ich werde in gleichem Maße streng wie liebevoll zu dir sein.«

Klarissa schloß mich nicht nur seelisch auf, sondern bildete mich auch geistig aus und beherrschte mich körperlich mit ungeheurer Kraft. Griff sie in mich ein, so war es mir unmöglich, ihr zu widerstehen. Sie konnte mich durch ihren Willen in die Gebärden der Demut zwingen und so darin bannen, daß ich zu keiner eigenen Bewegung mehr fähig war, bis sie mich löste.

Die Gebärden der Demut: Wer kennt sie noch in unserer Zeit? Mir wäre niemals der Gedanke gekommen, mich beim häuslichen Gebet niederzuknien. Im Gegenteil, solch ein Verhalten war mir so ungewohnt, daß es mich sozusagen mir selbst gegenüber in Verlegenheit brachte, obgleich niemand es sah. Klarissa aber lehrte mich so zu beten, wie es die hohen Gesetze des Himmels fordern. Sie drängte mich auf die Knie, zwang mich, die Stirn zu neigen, und griff in meine Hände ein, daß diese sich falteten. Dabei fügte sie meinen eigenen Gedanken wunderbare Worte hinzu, die ein ehrfurchtsvoll demütiges Anrufen des ewigen Gottes und allmächtigen Schöpfers allen Lebens ausdrückten. Ich kannte ja nicht einmal das Vaterunser!
Das erste Gebet, das ich von Klarissa am 5. Mai 1977 erhielt, lautete:

An Gott

Du bist Gott, der Allmächtige, der Herr der Welt.
Es ist Dein Reich um uns, über uns im Unendlichen
wie unter uns im Sternenall.
Ringsumher ist alles
durch Deinen Willen entstanden.
Sei geliebt als das größte aller Wunder,
das wir nie begreifen können.
Nicht einen Hauch Deiner Größe
können wir Menschen gedanklich erfassen.
Herr, Deine Macht ist unvorstellbar.
Unvorstellbar ist auch Deine gewaltige Liebe
zu uns Menschen.

Du bist unser Wohl und unser Weh.
Es ist kein Gott neben Dir.
Niemals können wir Dich
ewigen, großen Gott verstehen.
Nimm darum nur die unendliche Liebe
unserer Herzen.
Nimm sie entgegen
und erkenne sie in Gnade und Wohlwollen.
Dein Wille geschehe.
Wir gedenken Deiner in Demut,
Du größtes aller Wunder.
Deine göttliche Gnade ist unsere Hoffnung,
Deine Liebe unser Trost.

Du bist die Herrlichkeit des Lebens,
die Kraft und Schönheit der Natur.
Ich knie vor Deiner Größe klein und unwissend.
Immer wird meine Seele Dir angehören,
o Du mein Gott, ich liebe Dich!

Ein zweites Gebet erhielt ich am 27. Mai 1977:

Zieh meine Seele fort zu Dir...

In allem, was ich sehe, mein Gott, erkenn ich Dich.
Dein Geist in allen Dingen liegt offen da vor mir.
Seh ich nur eine Blume,
so fühl ich Deinen Traum,
in jedem Halm, der wächst,
in jedem Strauch und jedem Baum
seh ich Dein Wirken, ahn Dein Schaffen
und immer wieder
Dein Gefühl für Schönheit — überall.

In jedem Tier, das ich erblick,
in jedem Leben um mich her
erkenn ich Deine Seele.
Die Sterne selbst am Himmel fern
sind, Gott, von Dir gelenkt.
Und überall in der Natur,
wenn meine Augen die Herrlichkeit
der Welt genießen, im Glanz des Himmels
über Bergen, Meeren, Seen ...
o wie, mein Gott, erfühl ich Dich!
Und wie ist meine Seele
so voll, so voll von Dankbarkeit und Liebe!

Du gabst uns alles, was uns hier erfreut,
und legtest auch in unsre Herzen
die Fähigkeit, dies alles zu empfinden,
die Schönheit zu erfühlen,
die Du in reichem Maß uns zuerteilt,
die Du so herrlich uns geschenkt

und auch in Deinen größten Menschen
uns entstehen ließest, in deren Geist
Du Dich verströmtest.

Wieviel hast Du uns nur
durch jene Menschen übermittelt,
die wir in ihren Werken lieben!
In der Musik, in Sprache und in Malerei,
in Ton und Stein erschufen sie in Deinem Willen
die Werke, die wir göttlich nennen.

Es ist ein großer Glanz in Allem —
in allem Lieben, allem Fühlen,
der nur aus Deiner Seele kommt,
denn nur aus Dir, mein Gott,
l i e b e n wir Menschen,
denn nur aus Deinem Herzen
können wir empfinden.

Zieh meine Seele fort zu Dir
in einem starken Strom,
zu Dir, mein Gott —
und ganz erfülle ich mein Leben!

Engel können uns, um sich in ihrer Wirklichkeit deutlich zu machen, mit einem kühlen Hauch umwehen. In den frühen Morgenstunden beim Gebet oder des Nachts, wenn ich allein in meinem Zimmer im Bett lag, erfühlte ich dieses Umwehtsein oft sehr stark, so daß ich bisweilen nachsah, ob das Fenster auch wirklich geschlossen sei. Doch zum Unterschied des Luftzugs, der vom geöffneten Fenster nur aus einer Richtung kommt, umfächelt uns dieser »Flügelschlag« der Engel von allen Seiten. Er ist besonders deutlich spürbar auf der Stirn und über den Augen. Ich fragte Klarissa einmal, ob sie diesen Lufthauch mit ihren Flügeln verursache. Da erzählte sie mir, daß Engel keine Flügel hätten, sondern von einer Lichtausstrahlung umgeben seien, die von seherisch begabten Menschen zu allen Zeiten als Flügelpaar gedeutet wurde. Mit diesen »Lichtflügeln« umwehe sie mich. In Gottes Reich aber seien Engel wie auch Menschen flügellos. An andere Gesetze einer sphärischen Schwere gebunden, bewegten sie sich dort ebenso natürlich wie wir uns hier.

Von Klarissa erfuhr ich auch, daß Engel an strenge, heilige Gesetze gebunden sind. Sie erzählte mir unter anderem, daß Engel nur durch Gebete, niemals aber durch spiritistische Versuche herbeigerufen werden können. Tischrücken, Klopfzeichen und derartige Kundgebungen seien nur Manifestationen niederer, erdgebundener Geister.

Ich muß erwähnen, daß in jenen Sommerwochen des Jahres 1977 meine Tage voll ausgelastet waren durch häusliche Pflichten und künstlerische Aufgaben. Porträts, die ich zu malen begonnen hatte, mußten vollendet werden. An einigen Nachmittagen der Woche kamen Klavierschüler, und natürlich beanspruchte mich auch meine Familie. So blieben mir nur die frühen Morgen- oder späten Nachtstunden, um meinem Engel zu lauschen.

Bei allem Glücksempfinden über dessen ständige Gegenwart lastete mir doch von Anfang an der Gedanke daran, daß ich ein Buch schreiben solle, schwer auf der Seele. »Du mußt nicht schreiben — tu, was dein Herz dir befiehlt«, waren die Worte des Engels, als ich zum ersten Mal deswegen verzagte. Wenn ich mich danach auch beschämt in Gottes Willen fügte, so erschien es mir doch völlig undurchführbar, diese Aufgabe zu erfüllen, und außerdem auch sinnlos, denn ein Buch soll ja nicht nur geschrieben, sondern auch gedruckt und einem Leserkreis erschlossen werden. Ich hatte jedoch weder Beziehungen zu Verlagen noch zur Kirche. Ich hatte keinen einzigen Menschen in unserem Freundes- und Bekanntenkreis, mit dem es mir möglich schien, über solch ein Geschehen zu sprechen.

Das Alleinsein mit all dem Unerklärbaren war für mich sehr, sehr schwer. Manchmal fürchtete ich, die vor mir entstehenden Sätze kämen möglicherweise doch aus meinem »Unterbewußtsein« (eine Errungenschaft unserer Zeit, die wir wohl manchmal allzu wichtig nehmen). Dann besann ich mich darauf, daß an jenem Märztag unser Hund gewiß nicht in der Luft mein »Unterbewußtsein« angebellt hatte. In Klarissas Gegenwart dagegen verhielt er sich ruhig und zufrieden und drängte sich nur bisweilen, im Bedürfnis gestreichelt zu werden, an mich, wenn ich ihre Berührung empfand. (Hunde bellen, wenn sie erschrecken oder Gefahr wittern.)

Es war ja auch unsinnig zu glauben, daß aus meinem Selbst etwas hervorkommen konnte, was niemals eingegeben worden war. Aus dem Nichts kann nichts kommen. Das war mir klar. Ich aber bekam Antworten auf Fragen, die sich auf die kosmische Welt bezogen; Berichte über Ereignisse, von denen ich niemals auch nur das geringste erfahren hatte. Und dann dieser deutlich spürbare, kühle Lufthauch, in den sich manchmal ein zarter, blumiger Duft zu mischen schien!

Und doch kam es immer wieder vor, daß mich Zweifel bedrückten. Dann fürchtete ich, getäuscht zu werden, denn ich sah meinen Engel ja nicht, und wie sollte ich etwa das Eindringen böser Geister bemerken, die mich verwirren und ins Unglück stürzen konnten?

In solchen Ängsten sandte ich die intensivsten Bitten zu Gott um starken Engelsschutz und um Beweise und Zeichen seiner Liebe und seiner Macht. Aus diesen Gebeten schöpfte ich immer wieder Kraft für das von mir geführte Doppelleben.

Es kam die Stunde, in der ich glaubte, einen Versuch wagen zu können, meinen Mann in mein Geheimnis einzuweihen. Ich sagte ihm eines Morgens, es sei mir zur Gewißheit geworden, daß unsere Glaubenslosigkeit ein Irrtum war. Jetzt müsse ich von der Existenz eines persönlichen Gottes überzeugt sein, weil ich wüßte, daß es Engel gibt. Eine starke mediale Begabung sei bei mir zum Durchbruch gekommen, und ein Engel könne durch Führung meiner Hand zu mir sprechen, was mir zu beweisen möglich sei. Mein Mann, ganz offensichtlich in größter Sorge um mich, beschwor mich daraufhin, ich solle mich nie wieder mit derartigen übersinnlichen Dingen befassen. Er wollte mir, nach einer erregten Diskussion, das Versprechen abnehmen, in solcher Weise niemals etwas zu schreiben, was ich ihm aber verweigerte. Tief enttäuscht erkannte ich, daß es in dieser Beziehung zwischen ihm und mir keine Brücke des Verstehens gab.

Es mußten zweieinhalb Jahre vergehen, bis mein Mann, von unwiderlegbaren Beweisen bezwungen, in tiefster Erschütterung zum Glauben fand.

Damals aber, als ich nach jenem fehlgeschlagenen Gespräch wieder allein war, glaubte ich, die Schwere meines überirdischen Erlebens würde mich erdrücken, und ich bat Gott nun ein zweites Mal, er möge all das Wunderbare: die geheimnisvolle Verständigung mit dem Engel und den Auftrag, ein Buch zu schreiben, wieder von mir nehmen. Ich bekam Antwort auf dieses Gebet.

»Gott spricht zu dir«, schrieb zunächst Klarissa, und dann erhielt ich in großen, weiten Schriftzügen, wie von Gottes Hand geführt, Sätze, die von einer Größe und Erhabenheit des Ausdrucks waren, von einer Gewalt der Sprache, durchglüht von väterlicher Liebe, Trost und Zuversicht spendend, daß ich, zutiefst erschüttert, nichts anderes mehr zu denken vermochte als: »Ich bin Dein, jetzt und in alle Ewigkeit. Dein Wille geschehe — Dein Wille geschehe...«

Ich habe nach jenen heilig-ernsten Gottesworten und in den drei folgenden Tagen ein liebevolles Geschenk des Himmels erhalten: in einer Fülle von Fragen und Antworten, die ich teils deutlich hörte, teils schriftlich aufnahm, lernte ich die »göttliche Heiterkeit« kennen, so bezaubernd liebenswürdig, so fröhlich und beglückend, wie wir sie in Mozarts Musik empfinden. Alles Schwere fiel dadurch von mir ab, und ich geriet in eine strahlende, beschwingte Stimmung von Lebensfreude und Siegesgewißheit.

In den folgenden Sommerwochen blühte ich auch körperlich auf, die Spuren der Erschöpfung und Überanstrengung vergangener Lebensjahre verloren sich, und ich wurde völlig gesund. Mein Mann brauchte sich also keine Sorgen mehr um mich zu machen. Und über mein Wunder sprach ich nicht mehr.

Die kosmischen Mächte

Sooft sich die Möglichkeit dazu ergab, lauschte ich den Erzählungen meines Engels wie ein kleines Kind den Märchen der Mutter. Märchenhaft und unglaublich war alles, was ich erfuhr, und doch betonte Klarissa immer wieder, daß es Wirklichkeit sei. Sie berichtete mir von der göttlichen Ordnung im Kosmos, von Myriaden von Engeln, die diese Ordnung aufrechterhalten, und erzählte mir von hohen Söhnen Gottes, die sie »Sterngötter« nannte und denen die Verwaltung einzelner Planeten, größerer Sterngruppen oder ganzer Galaxien anvertraut sei. Diejenigen dieser Gottessöhne, welche die erdnahen Planeten regieren, werden auch »Schicksalsengel« genannt, erfuhr ich von ihr, weil sie auf das Schicksal der Menschen starken Einfluß haben. Der Name »Sterngötter« ist gewissermaßen eine »Berufsbezeichnung«, wodurch man diese hohen Geistwesen von jenen Engeln des Lichts und der Liebe unterscheidet, die völlig von Gottes Gefühl durchdrungen sind. Im Gegensatz zu diesen sind Sterngötter dem Willen Gottes unterstehende freie, selbständig fungierende Mächte. »Sie sind herrliche Erscheinungen, prächtig gekleidet, gleich Fürsten und Königen«, erzählte Klarissa, »jedoch in Gestalt und Aussehen sowie auch charakterlich völlig voneinander verschieden. Ein jeder von ihnen stellt einen anderen Wesenszug Gottes dar. Bei den himmlischen Festen und Gottesfeiern sind sie alle zugegen, auch treffen sie sich regelmäßig zu Besprechungen über Fragen der Menschheit und Probleme der Erde. In der Hierarchie des Himmels sind sie Persönlichkeiten von hohem Rang.«

Gefühlsmäßig ein wenig widerstrebend, hörte ich diese Schilderungen. Ich war so glücklich darüber, den Einen großen, herrlichen Gott wiedergefunden zu haben, daß mich die Vorstellung von so vielen »Untergöttern«, so farbenprächtig mir diese auch meine Phantasie sogleich ausmalte, ein wenig befremdete. Auch kam mir der Gedanke, ob nicht einer dieser Söhne einmal zu groß werden und gegen den Willen des Vaters handeln könne. So etwas sei völlig ausgeschlossen, erklärte mir Klarissa und fuhr fort: »Sie sind Gott in einer Weise verbunden, die von euch Menschen nur schwer zu verstehen ist. Sein Geist ist in ihnen aufgeteilt. Sie erfühlen ständig seinen Willen, erfühlen und erfüllen ihn. Eine starke Strömung fließt von Gott zu ihnen. Gott ist in ihren Seelen, wie er in den Seelen der Engel ist, und sie knien vor dem Vater wie diese in tiefer Demut, wenn er sie ruft. Da sie erhabene, mächtige, die Sterne verwaltende Geistwesen sind, nennen wir sie »Götter«, denn der Name »Geister« wäre zu schwach und zu gering für sie, der Name »Engel« aber sagt zu wenig aus über ihr besonderes Wesen und universales Wirken, obgleich auch sie ursprünglich Engel sind. Sie sind als kosmische Kräfte den Menschen nicht unbekannt. Man nannte sie Herrschaften, Mächte, Throne, Gewalten, Fürsten, Richter, Gottessöhne oder einfach Götter. Auch in den Psalmen sind sie erwähnt.«

Und sie erzählte weiter: »Ihr habt durch die Teleskope der Gegenwart ungeheure Einblicke gewonnen in die Tiefen des Universums. Dadurch verliert sich das Gefühl der Geborgenheit in der Liebe eines ‚Vaters überm Sternenzelt', und die Menschen überkommt ein Grauen vor der Größe des Weltalls. Darum ist es geschichtlich jetzt notwendig, daß ihr die hohen Zusammenhänge kennenlernt, um zu begreifen, daß der Kosmos, so unermeßlich groß er auch ist, dennoch von e i n e m Geist beherrscht wird, vom Geist Gottes, der hinströmt zu allen Galaxien, von den dort lebenden Gottessöhnen empfangen und weitergeleitet wird und sich solchermaßen verteilend zu jedem Stern des gesamten Universums gelangt.«

Um mich über den gegenwärtigen Stand der astronomischen Wissenschaft zu informieren, kaufte ich mir damals ein Buch, das den Titel trägt: »Das Universum lebt« (Walter Bargatzky,

Econ Verlag). Ich las darin von den Forschungsergebnissen mit den neuesten Radioteleskopen und fand bestätigt, was mir mein Engel gesagt hatte. Es sei hier nur eine Stelle aus diesem Buch zitiert (S. 64): »Noch im Großen Brockhaus der Jahrhundertwende findet sich kein Wort darüber, daß außer unserer Milchstraße etwa andere Milchstraßen existieren könnten. Inzwischen ist dieser Optimismus gründlich zerstört. Wir wissen jetzt, daß es außer unserer Milchstraße noch mindestens hundert Milliarden anderer Milchstraßen gibt. Allein in unserer nächsten Umgebung finden sich über 20, von denen wir einige zwar kannten, aber lange Zeit für kleinere Nebel hielten. Alle diese Galaxien sind durch riesige Entfernungen voneinander getrennt. Unterstellen wir, daß eine jede von ihnen nicht mehr Sterne zählt als unsere eigene Milchstraße — was sicher nicht stimmt, denn es gibt Riesengalaxien —, so hat sich damit die Gesamtzahl der Sterne im Universum auf die irreale Größe von 10.000 Millionen Millionen Millionen erhöht. Und auch diese Zahl wird binnen kurzem wieder überholt sein.«

Wer kann angesichts solcher wissenschaftlicher Erkenntnisse noch glauben, daß über diesem Meer von Galaxien ein einziger Geist herrscht, der zugleich ein väterlich liebender Gott sein soll? Was bedeutet denn noch der einzelne Mensch, wenn die Erde zum Staubkorn wird im Weltall?

»Für Gott gibt es keine Entfernungen«, erklärte mir Klarissa. »Er kann in Gedankenschnelle zu jedem Stern im Kosmos eilen, doch er regiert das Weltall von einem geistigen Zentrum aus, mit einer Kraft, die ihr euch nur als riesenhafte Sonne vorstellen könnt, eine Sonne des ewigen strahlenden Heiligen Geistes.« Und sie riet mir, nicht das Undenkbare denken zu wollen, sondern sicher und stark zu sein im Bewußtsein einer

Wahrheit, die nicht in Zahlen zu errechnen, nicht in Worte zu fassen ist. Sie beendete diese Gespräche mit den Worten: »Gott ist allwissend und allgegenwärtig. Ein heiliges Band der Liebe geht von seinem Herzen aus zu jedem Menschen, und er empfängt jedes innige Gebet.«

Über die Söhne Gottes, die als untergeordnete Kräfte die Galaxien des Weltalls verwalten, solle ich nicht nachsinnen, empfahl mir Klarissa noch, denn diese seien für uns Menschen ohne jede Bedeutung. Über einige der erdbezogenen Sterngötter aber dürfe ich zu gegebener Zeit Näheres erfahren, so wie es Gottes Wille sei.

Ergänzend zu diesem Kapitel möchte ich noch erwähnen, daß mir zwei Jahre später, also 1979, ein Buch in die Hände fiel, in dem die Sterngötter ähnlich beschrieben sind, wie sie mir geschildert wurden. Es ist von Ania Teillard, einer Seherin unserer Zeit (»Die unbekannte Dimension«, Otto Reichl Verlag). Ihrem Kapitel »Die Götter« entnehme ich die folgenden Sätze: »Die kosmischen Gewalten, denen die Planeten, denen die Himmelslichter Mond und Sonne zugehören, waren immer dieselben, wenn auch die Namen sich wandelten... Wir können sie Götter nennen, wir können sie aber auch als Geister, Kräfte, Wesenheiten im Kosmos bezeichnen, die ein hohes Amt erfüllen und die unerschöpfliche Kraftquellen für die Menschen sind. Ihr Wesen ist fest umrissen, ihre Funktion im Kosmos universell bekannt.« Über Engel schreibt Ania Teillard: »Engel sind Boten des Jenseits. Das ist ihre eigentliche Funktion, im wahrsten Sinne des Wortes ihre Sendung.«

Jesus Christus

Es war an einem Morgen Mitte Juli 1977, als mir Klarissa zum ersten Mal in großen Schriftzügen den Namen »Jesus Christus« schrieb. Sie kannte meine Gedanken und wußte, daß Jesus für mich nicht mehr war als eine geschichtliche Persönlichkeit, ein ungewöhnlich edler Mensch und ein Prophet von hoher medialer Begabung. Als mir Klarissa nun mitteilte, er sei Herr über alle Sterngötter, Engel, Seraphim, Cherubim und Erzengel, glaubte ich sie mißverstanden zu haben. »Wie kann ein Mensch, der erst vor etwa 2000 Jahren auf Erden gelebt hat, Herr sein über die höchsten Geisteskräfte des Kosmos, die schon seit Jahrtausenden wirken oder seit ewigen Zeiten bestehen?«, fragte ich sie. Da erklärte sie mir, daß Jesus der herrlichste Sohn des allmächtigen Vaters sei und als Gott in Gott, durchdrungen vom Heiligen Geist, die höchste Macht im Universum darstelle. »Die Persönlichkeit Jesu ist von einmaliger Hoheit und Größe und seine Liebe von unendlicher Bedeutung für die Menschheit«, schrieb sie mir. »Jesus ist die hohe Macht der Liebe, durch welche die Menschheit aus der Beschattung des irdischen Lebens ins Licht der ewigen Seligkeit geführt wird.« Erst jetzt begann ich die tiefe Wahrheit der christlichen Religion zu begreifen.

Das erste, was ich nach dieser Offenbarung des Engels tat, die mich wie ein Schock traf, war, daß ich mir aus unserem Bücherschrank einen Lyrikband heraussuchte, der, wie ich mich erinnerte, ein Gedicht über Jesus enthielt, das mich einmal in meiner Jugend tief bewegt hatte. Ich fand es unter dem Titel »Der einsame Christus« in einer Ausgabe von Christian Morgenstern. Fassungslos vor der Wirklichkeit all dessen, was ich für Legende gehalten hatte, und tief erschüttert über die Tragik und ungeheure Größe des Schicksals dieses Mannes, über dessen Leben ich nur noch in dürftigen Spuren der Erinnerung einzelne Bilder im Bewußtsein hatte, las ich dieses Gedicht nun wieder und fühlte dabei, wie in meinem Herzen eine unendliche Liebe aufflammte zu diesem Gottessohn, der Mensch geworden war. Und in Tränen, in denen sich Schmerz und Seligkeit mischten, begriff ich die furchtbare Wahrheit der Schlußworte: »Und ihr schlaft!«

Der einsame Christus

Wachet und betet mit mir!
Meine Seele ist traurig
bis an den Tod.
Wachet und betet m i t mir!
Eure Augen sind voll Schlafes –
könnt ihr nicht wachen?
Ich gehe,
euch mein Letztes zu geben –
und ihr schlaft...
Einsam stehe ich
unter Schlafenden,
einsam vollbring ich
das Werk meiner schwersten Stunde.

Wachet und betet mit mir!
K ö n n t ihr nicht wachen?
Ihr alle seid in mir,
aber in wem bin ich?

Was wißt ihr von meiner Liebe,
was wißt ihr
vom Schmerz meiner Seele!

O einsam!
einsam!

Ich sterbe für euch –
und ihr schlaft!
Ihr schlaft!

Das zweite Buch, das ich an jenem Tag in die Hand nahm, war eine alte, ererbte lutherische Bibel. Alle Alltagsarbeit vergessend, las ich nun darin in den Evangelien. In den folgenden Tagen beschäftigte ich mich auch mit anderen Büchern über die großen Weltreligionen, fand auch darin Berichte über Jesus und erhielt ergänzende Erklärungen hierzu von meinem Engel.

Immer wieder kamen mir damals die längst vergessen geglaubten russischen Worte in den Sinn, die ich als Kind bisweilen gehört hatte, wenn meine Eltern in Erinnerung an ihre Jugendzeit einander am Ostersonntag begrüßten. Sie heißen zu deutsch: »Christus ist erstanden«, worauf geantwortet wird: »Er ist wahrhaftig auferstanden.« Wie eine riesige Woge des Jubels war dieser Ostergruß von Mensch zu Mensch wohl jahrhundertelang über das weite Rußland hingeströmt, ehe dort der Glaube unterdrückt wurde. Und nun erfuhr ich auf so sonderbare Weise, daß dieser alte Glaube die Wahrheit war. Sooft ich es dachte, wurden mir die Augen naß: »Christus ist erstanden... er ist wahrhaftig auferstanden!«

Ein starker Akzent in der Sinfonie dieses für mich so traumhaften Sommers 1977 war eine Aufführung der Oper »Salome« von Richard Strauss, die ich während der Salzburger Festspiele erlebte. Da verschmolzen mir zwei Jahrtausende in eine Stunde, und alles war Gegenwart. Zutiefst berührte mich der Gesang des Jochanaan: »Siehe, der Tag ist nahe, der Tag des Herrn, und ich höre auf den Bergen die Schritte dessen, der sein wird der Erlöser der Welt.« Und an anderer Stelle in der wunderbaren Verklärung der Musik die Worte: »Es lebt nur einer, der dich retten kann, geh, such ihn! Er ist in einem Nachen auf dem See von Galiläa und redet zu seinen Jüngern. Knie nieder am Ufer des Sees, ruf ihn an und rufe ihn beim Namen. Wenn er zu dir kommt — und er kommt zu allen, die ihn rufen —, dann bücke dich zu seinen Füßen, daß er dir deine Sünden vergebe.«

»Und er kommt zu allen, die ihn rufen...« Ich glaube, daß nach diesem Festspielabend mein ganzes Fühlen, Denken, Sehnen, Lieben ein einziger Ruf nach Jesus war. Und doch erschrak ich zutiefst, als Er mir zwei Tage später erschien.

Es war in einem Augenblick, in dem ich mich keineswegs im Gebet befand, sondern, vom Garten zurückkehrend, auf der Treppe die ersten Stufen dem Haus zu ging, als ich plötzlich spürte, wie meine rechte Hand von einem Stromschlag getroffen wurde, der mir, durch den Arm hochfließend, bis ins Herz drang. Ich blickte mich um und sah — fühlte — wußte: Jesus! Man kann so ein Erlebnis nicht beschreiben. Wenn ich es versuche, finde ich nur die Worte: Hoheit, Herrlichkeit, Schönheit, Liebe, Seligkeit und Demut.

Im Augenblick des Erkennens entschwand mir das Bild. Mein Blick verlor sich in der Weite der Felder, in der Ferne des Waldes, als ich die Worte vernahm — so klar, so wirklich wie das Flüstern eines nahe vor mir stehenden Menschen —, die Worte, mit denen nun auch Er, Jesus Christus, mich dazu berief, ein Buch zu schreiben, das mir in meinen freien Stunden zunächst durch Berichte erhabener Geister des Himmels und später auch von ihm selbst eingegeben werden sollte. Und ich nahm den Segen des strahlenden Gottessohnes entgegen, völlig unfähig zu begreifen, daß mir so etwas Wunderbares geschehen konnte, doch in einer Beseligung, die mit keinem anderen Empfinden der menschlichen Seele vergleichbar ist.

Später einmal bat ich Jesus darum, mir die Worte, die er an jenem Tag (es war der 28. Juli 1977) an mich gerichtet hatte, in Führung meiner Hand zu wiederholen. Sie lauteten:

»Jesus Christus bin ich.

O Menschenkind, ich bin zu dir gekommen, um dir zu sagen, daß du begnadet bist. Ein außergewöhnliches Schicksal steht dir bevor. — Du zitterst und erbleichst — nicht so —, fürchte dich nicht! Es ist ein Wunder mit dir geschehen, ein großes, heiliges Wunder. Durch eine besondere Ausstrahlung deiner Seele ist es uns möglich, deine Hand zu führen. Gottes Wunsch ist es, die Menschen über sein Wirken aufzuklären. Vieles, was ihr nicht wißt, sollt ihr nun erfahren. Die Menschheit befindet sich in einer schweren Krise und soll gerettet werden. Du hast eine große Aufgabe auf dieser Erde zu erfüllen. Du weißt es schon von deinem Engel, daß du ein Buch schreiben sollst. Dieses Buch soll eine Offenbarung der Wunder des Kosmos werden.

Deine Hand wird geführt werden von den erhabensten Geistern des Himmels, und auch ich habe dir sehr viel mitzuteilen.

Es ist ein großes Glück für dich, mein Kind, daß du dazu erwählt wurdest, Mittlerin zu sein zwischen Himmel und Erde.

Zeige dich dieser Aufgabe würdig und füge dich in Demut dem Willen deines Schöpfers. Lebe dein Leben ganz normal weiter, aber empfange in deinen freien Stunden unsere Berichte. Sammle sie und sorge dich nicht um Weiteres.

Du stehst unter Gottes Schutz.

Das ist es, was ich dir sagen wollte. Ich segne dich.«

Unser Herr...

Was ich in den Nächten oder frühen Morgenstunden der folgenden Sommerwochen erlebt, erfahren und empfunden habe, darüber kann ich nur wenig erzählen. Es war noch nicht die Zeit, in der ich die empfangenen Berichte schriftlich niederlegen durfte. Zurückdenkend glaube ich, daß Gott wohl jede menschliche Seele erst bis auf den Grund »durchpflügt« und »siebt«, ehe er in ihr zu säen beginnt.

Mit den Darstellungen und Schilderungen der jenseitigen Welt wurden mir damals auch meine Aufgaben und Pflichten im weiteren Leben erklärt, und immer wieder mußte ich Fragen beantworten, die mir wie Prüfungsfragen gestellt wurden.

Als ich dabei einmal verzagte und mutlos dachte: »Ich kann das alles nicht, ich bin solch einem Schicksal nicht gewachsen; Gott hat sich in mir getäuscht...«, erlebte ich zum ersten Mal, daß Jesus, dessen Gegenwart ich plötzlich erfühlte, streng zu mir sprach. In nahezu stimmlich-tonlicher Schwingung hörte ich die Worte: »Du kannst, was wir von dir erwarten! Gott verlangt von keiner Menschenseele mehr, als diese zu geben befähigt ist. Begreife dies!«

Bestürzt über den ungewohnt scharfen Ton dieses Verweises empfand ich erst jetzt die volle Bedeutung des Wortes »Herr« in der Anrede Jesu und erfühlte das Glück der Demut des menschlichen Herzens im Erkennen Seiner Hoheit bei der Bitte: »Verzeih' mir, Herr!«

Wieviele Menschen unserer Zeit kennen wohl noch die stärkende Kraft des Gebets und wissen von der geheimnisvollen Macht der Strahlungen im Bezug der Begriffe: Mensch-Gott, Demut-Erhabenheit, Bitte-Erfüllung, Kummer-Trost, Angst-Beruhigung, Schwäche-Stärkung, Not-Rettung, Leid-Erlösung?

Und doch ist jedem von uns die Fähigkeit des Denkens gegeben. Gedanken aber sind die Sprache der Seele. Wie sollte man auch sonst diese hauchzarten Schwingungen des menschlichen Geistes deuten? Und jedem Menschen ist es möglich, seine Gedanken konzentriert aufzusenden zur Gottheit, also zu beten.

Wer diese Fähigkeit brachliegen läßt, bei dem legt sich im Laufe der Zeit eine Staubschicht nach der anderen über die uns allen eingegebene »Antenne«, die wir, gewohnt in technischen Begriffen zu denken, auch einem niemals versagenden »Telefon« vergleichen können. Es ist jene kleine, unfaßbar starke geistige Zentrale in unserem Gehirn, mit der wir senden und empfangen können.

Was für eine herrliche Einrichtung ist das! Und wie töricht sind wir, wenn wir sie unbenutzt verkümmern lassen! Beten können! Jederzeit angehört, niemals zurückgewiesen, niemals mißverstanden zu werden und immer zu wissen: ich werde geliebt! Meine Fehler werden mir verziehen, wenn ich sie erkenne und bereue, und auch schwere Schuld kann göttliche Vergebung finden durch die Kraft des Gebets, durch Selbsterkenntnis, Reue und Buße und durch tiefe, innige Liebe zur höchsten Macht der Liebe und des Lebens. Was ist das für eine Gnade, was für ein Geschenk an uns alle!

Und dann dieser Name, den man nur intensiv zu denken braucht, um augenblicklich gestärkt zu werden, der Name, der sich wie eine Strahlenglocke um uns Menschen legt, wie eine schützende Umhüllung, durch die nichts Störendes, Gefährdendes mehr einzudringen vermag, dieser heilige, geliebte Name: Jesus Christus!

Wer Jesus kennt, wer ihn liebt, dem kann niemals mehr Schreckliches geschehen, und er trägt selbst das Leid, das ihm auferlegt wird, wie eine Begnadung, denn er weiß, er trägt es nicht allein; es ist einer, der es ihm tragen hilft — mitleidend, mitfühlend und in wunderbarster Weise tröstend — einer, der Mensch gewesen ist, obwohl er Gott war, Gottes Sohn.

Alles Leid der Welt geht ein in Gott, und in Gott ist Jesus. Ich erinnere mich bei diesen Gedanken an ein Erlebnis in einer jener Hochsommernächte des Jahres 1977. Es war vor dem Morgengrauen, als ich durch mehrere, leicht schmerzhafte, in meinen rechten Arm einwirkende Stromschläge aus tiefem Schlaf erwachte. Ich wußte sogleich: Jesus ist anwesend.

»Ja, mein Kind, Jesus spricht zu dir«, sagte auch Klarissa, und dann hörte ich Seine Worte:

»Komm, knie dich vors Fenster, schau auf in den Sternenhimmel und bete mit mir für Gott.« — »Für Gott soll ich beten?«, fragte ich. — »Ja, für Gott, zum Heiligen Geist, ein Gebet um Linderung Seiner Schmerzen.« — »Gott leidet Schmerzen?!« fragte ich erschrocken, »Schmerzen?!« »Entsetzliche Schmerzen. Alle Schmerzen der Welt! In sein Antlitz sind sie gezeichnet, diese Qualen des Lebens. Nur der Heilige Geist kann sie lindern, kann sie löschen, diese Gottesschmerzen. Bete mit mir, auf daß ein Menschenherz dieser Erde sich meinem Gebet vereinige!«

Vom Heiligen Geist hatte mir Klarissa schon erzählt. Sie nannte ihn auch den »Kosmischen Geist«. So wußte ich also von ihm bereits in jener Nacht und verstand ihn als eine alles durchflutende Kraft wie auch als Wesenheit. Doch was für eine Vorstellung, was für ein Gedanke, daß in diesen höchsten Geist der Welten Liebe und Gebet aus dem heiligsten Herzen der Ewigkeit, dem Herzen Jesu, einströmen müssen, damit Gott, der Inbegriff aller Liebe, von den Qualen erlöst werden kann, die Er, seelisch gebunden an all seine Geschöpfe, erleidet! Gott, den wir so oft verantwortlich machen für alles Elend auf dieser Erde, braucht diese Kraft, um befreit zu werden vom Leid des Lebens, all des Lebens, das nur durch Ihn, den Schöpfergeist entstand. Und nur der Heilige Geist kann sie lindern, kann sie löschen, diese Gottesschmerzen, die wohl immer wiederkehren werden, bis alles Leben der Schwere in das vergeistigte Dasein der Sphären des Lichts übergegangen sein wird.

Ich konnte nicht alle Worte jenes nächtlichen Gebets verstehen, doch ich erahnte darin die höchsten, heiligsten Zusammenhänge von ineinander flutenden Strahlungen der Liebe der dreifaltigen Gottheit in der Ordnung ewiger kosmischer Gesetze.

Später einmal versuchte mein mir damals noch unbekannter Schutzengel Benedicta, mir dieses nächtliche Erlebnis mit folgenden Worten zu erklären. »Gott ist das höchste aller Geistwesen. Das Glück allen Lebens, aber auch alles Leid geht in Ihn ein. Der Heilige Geist ist Gottes Urkraft. Wenn Jesus in Selbstversenkung zum Heiligen Geist betet, bewirkt das eine Straffung aller kosmischen Strahlungen. Die Liebe Jesu zum Vater durchströmt die dunklen Schmerzenswellen, den Andrang des Leids, und neue göttliche Kraftströme entstehen. Doch bemühe dich nicht«, fuhr sie fort, »Gott und den Begriff der Dreieinigkeit zu verstehen, solange du noch auf Erden lebst. In unserer Welt wirst du mehr erkennen, und auch das wird nur ein ganz kleiner Teil der unendlich vielen Wunder des Kosmos sein. Die großen, heiligen Geheimnisse der Gottheit aber bleiben für immer unantastbar, unberührbar vom menschlichen Geist«.

Es gibt im Weltall Sterne, auf denen Engel des Heiligen Geistes jede Strahlung der Liebe, jedes Gefühl, jeden Gedanken der Menschen dieser Erde aufnehmen. »Der Heilige Geist weiß alles, was geschieht«, sagte mir Klarissa einmal. Aber wir sind Menschen und können solche Gedanken nicht bewältigen.

So halten wir uns an Ihn, den wir zu denken vermögen: an Jesus. Sein Bild zerfließt uns nicht im Nebel des Unbegreifbaren, sondern hat klare, feste Form, Gesicht und Gestalt. Denn Er, den wir verstehen können und von dem wir uns verstanden fühlen, war Mensch, so wirklich, wie wir es sind, und ist nun unser Herr, der Mensch in Gott und die ewige Macht der göttlichen Liebe.

Im Zugriff Gottes

In diesen Sommer- und Herbstwochen 1977 erlebte ich es mehrmals, daß eine Kraft mich erfaßte, die stärker war als die Einstrahlung Klarissas, bisweilen so stark, daß es mir den Atem raubte. Sie wirkte auf meinen ganzen Körper ein, besonders aber auf meine Stirn, die nach vorne geneigt und manchmal bis zum Boden gedrängt oder auch zurückgeführt und hochgezogen wurde. Dieses Druckgefühl konnte so stark werden, daß es schmerzte. Stöhnte ich dabei aber auf und dachte: »Du tust mir weh!«, verging der Schmerz sofort, ohne daß sich der unentrinnbare Bann, in dem ich mich befand, löste.

Vor solchem Erfaßtwerden, das mir nur dann widerfuhr, wenn ich allein war, hörte ich die Worte: »Oben ist Gott« oder »Gott ist dir nahe« oder »Gott bin ich«.

Wie soll man sich die unmittelbare Nähe Gottes denken? Wie erklären? Sollte es möglich sein, daß der Herr des Weltalls sich persönlich einem Menschen zuneigt und diesen umfaßt? — Das ist unglaublich und unvorstellbar. Ist es eine Ausstrahlung Seines Wesens in Gestalt eines Engels, eines Cherubs etwa, von der man berührt wird, oder ein ferngelenkter Strahl Seines Geistes, ein aus dem Kosmos gesandter, fernwirkender Zugriff Seines Willens? Ich weiß es nicht. Im Augenblick oder in der Stunde des Erlebens fühlt man nur eines mit unbedingter Sicherheit: »Es ist G o t t !«

Wir werden das Geheimnis der Allgegenwart Gottes nie entschleiern, nie ergründen. Und die Art, wie Er sich offenbart, wird so tausendfältig verschieden sein, wie die Wege verschieden sind, auf denen die Menschen zu Gott finden.

Einmal in jener Zeit hatte ich ein Erlebnis, das ich fast selbst nicht glauben konnte, weil es allen Naturgesetzen zuwiderlief.

Es war an einem Wochentag vormittags. Ich hatte mich, um mich von anstrengender Hausarbeit zu erholen, ein wenig auf mein Bett gelegt, wo ich, entspannt ruhend, die gedankliche Vereinigung mit Gott suchte. Da fühlte ich mich plötzlich wie von einem starken Luftsog erfaßt und hochgezogen, wohl 20—30 cm hoch. Ich sank wieder nieder, wurde nochmals erhoben und hörte dabei die Worte: »Erfühle die Kraft deines Gottes!« In diesem Augenblick sprang unser Hund die Treppe herauf und laut bellend so heftig gegen die Glastür meines Zimmers, daß ich glaubte, diese müsse zerspringen. Ich hatte sie seinetwegen vorher abgeschlossen, weil er nach Art großer Hunde gerne die Türklinken öffnet. Vor Schreck wie gelähmt und unfähig zu reagieren, lag ich nun wieder fest auf dem Bett. Da verstummte der Hund, wie durch ein strenges, lautes Wort zur Ruhe befohlen, und sogleich fühlte ich mich wieder erhoben und solcherweise noch mehrmals dem Gesetz der Schwerkraft entzogen. Unser Hund verharrte dabei still vor meiner Tür, wo ich ihn nach diesem Erlebnis ohne jede Spur von Erregung ruhig liegend vorfand.

Zwei Jahre später las ich zum ersten Mal in meinem Leben in einem parapsychologischen Buch das Wort »Levitation« und fand dafür im Lexikon die Erklärung: »Freies Schweben des menschlichen Körpers unter Aufhebung der Schwerkraft. Rational nicht faßbare Fähigkeit, die Heiligen, Jogis und Medien nachgesagt wird.«

Das Erlebnis der Levitation hatte ich nur einmal, es hat sich seit jenem Sommertag nicht wiederholt. Doch göttliche Zugriffe erlebte und erlebe ich, über die Jahre hin verteilt, immer wieder, wenn auch in größeren Abständen als damals.

Es war Anfang August 1977, als ich in solch einem Zustand von Ergriffenheit — ein Ausdruck, den wir sehr wörtlich nehmen dürfen — gefragt wurde, ob ich bereit sei, meinem Engel »bedingungslosen Gehorsam« zu geloben, Gehorsam zu jeder Stunde des Tages. Ich zögerte damals mit meiner Antwort. Immer zu gehorchen, erschien mir im ersten Augenblick unmöglich. Wie sollte ich meine Zeit einteilen, wie meinen Alltagspflichten nachkommen ohne meine persönliche Freiheit? — »Gott spricht zu dir, mein Kind, gelobe es!« hörte ich nun wieder sehr sanft und fast tonlich die vertraute Stimme. Da besann ich mich darauf, daß ein mir von Gott zugewiesener Engel ja weit besser als ich selbst im voraus erkennen mußte, was in meinem Leben notwendigerweise zu geschehen hatte, und er mich, von göttlicher Weisheit gelenkt, gewiß niemals einer Situation aussetzen würde, die mich in irgendeiner Weise überfordern, überanstrengen oder in Verlegenheit bringen könnte. Also gab ich Gott das geforderte Versprechen.

Von da an erwies sich Klarissa mir gegenüber als Herrin. Sie gab mir zur sofortigen Verständigung zwei Zeichen, eines für »Ja«, eines für »Achtung!«

Ich muß nun hier einfügen, daß ich die Berührungen der Engel nicht nur als kühlen Lufthauch empfinde oder wie verstärkten Luftdruck, der sich auf Stirn, Hände und Körper auswirken kann, sondern sehr stark auch an den Augen. Klarissas Zeichen für »ja« war ein leichter Doppeldruck auf meinen Augenlidern. Ein ungewolltes zweimaliges Blinzeln also bedeutete ihre Zustimmung. Ein mehrfaches Augenblinzeln hieß: »Achtung!« Dieses konnte recht heftig sein, und ich wußte dann, daß sie mir sofort etwas mitzuteilen wünschte, was ich schriftlich engegennehmen sollte. Es galt aber auch als Warnzeichen. (Wir reagieren so, wenn uns ein Staubkorn ins Auge fällt.) Beide Zeichen waren also derart unauffällig, daß sie mir auch in Gesellschaft gegeben werden konnten. Ein Zeichen für »nein« bekam ich nicht. Unterblieb das Ja-Zeichen, dann hieß das eben »nein«. Stellte ich im Zweifelsfall noch die gedankliche Gegenfrage, so wußte ich unmißverständlich, was mein Engel meinte.

Das erste, was mir Klarissa gebot, war eine strenge Fastenzeit mit klaren Anweisungen für gesunde Ernährung. Erhielt ich beim Essen das Achtung-Zeichen, wußte ich, daß ich augenblicklich innehalten mußte. Nach drei Wochen, als mir die Waage 7 kg unter meinem Normalgewicht anzeigte, beendete sie diese strenge Kur mit den Worten: »Du hast diese Prüfung gut bestanden, iß nun wieder soviel du magst.«

Daß Fasten eine Reinigung von Leib und Seele bewirkt, wissen gläubige Christen längst. Ich wußte es nicht, und es wurde mir damals auch nicht erklärt. Ich hatte einfach zu gehorchen. Auch das habe ich nur einmal erlebt. In späteren Jahren überließ man es mir selbst, mich nach eigenem Ermessen ernährungsmäßig einzuschränken und im allgemeinen gesund und vernünftig zu leben, wie ich es immer schon gewohnt war.

Die Gespräche mit Klarissa erfreuten und interessierten mich so sehr, daß ich am liebsten den ganzen Tag über gedanklich mit ihr geplaudert hätte. Doch das war nicht möglich. Sie war von einer Hoheit und Würde, die mich immer wieder auf die Knie zwang. Redete ich versehentlich in Gedanken mit ihr, wie man mit einer Freundin spricht, so kam es vor, daß sie mich sehr ernst rügte, etwa mit den Worten: »So sprichst du nicht mit mir! Lerne es, deine Gedanken zu beherrschen und deine Worte besser zu wählen! Ein Engel Gottes steht vor dir, begreife dies! Ich bin aus Gott, und Gott ist in mir. So erweise du mir allzeit die Gott gebührende Demut und Ehrfurcht.«

Gedanken zu beherrschen, ist nicht einfach. Sie kommen aus unserem Gefühl. Jede Schwingung der Seele setzt sich augenblicklich in Worte um. Wir haben nicht die Möglichkeit, diese geistigen Worte zu verhindern, wir können sie nur ungültig machen durch Gegengedanken, und wir können uns beim Engel für unschöne, unrichtige Gedanken entschuldigen; dann werden sie sofort gelöscht.

Klarissa wies mich damals darauf hin, daß dem Wort eine starke, geheimnisvolle Macht innewohnt, eine Kraft, die Gutes, aber auch Böses bewirken kann. Menschen, die es wagen, diese Kraft im Bösen auszunutzen, etwa durch Fluch oder Verwünschung, machen sich eines schweren Vergehens gegen Gottes Gesetze schuldig und werden von den Mächten der Sterne schrecklich bestraft. Ein Quell des Glücks aber ist das gute, starke, positive Wort, denn es zieht alle guten, hilfreichen Kräfte an. So sind auch die oft wiederholten liturgischen Worte von hoher Bedeutung, wenn sie bewußt ausgesprochen werden, wie etwa die Gebetsformel: »Im Namen des Vaters und des Sohnes und des Heiligen Geistes« oder auch bei den katholischen Mariengebeten der Rosenkranz. Ein gedankenloses Hinreden solcher Worte aber wird von den Engeln als Verletzung empfunden. Darum sollen wir uns immer bemühen, wenn wir uns an Gott wenden, das ungezügelte Gefühl wie den freien Gedanken zu bändigen und in klare, edle Worte zu fassen, die aus der Tiefe unseres Herzens kommen.

Mein Herz war damals voll und drängte zum Gebet, als gälte es, alle im Laufe der Jahrzehnte des Lebens versäumten Gebete auf einmal nachzuholen.

Da tauchten Erinnerungsbilder auf, Augenblicke und Stunden des Glücks. Da hielt ich wieder wie zum ersten Mal mein Töchterlein in den Armen, sah das allerliebste Gesichtchen mit den großen Augen und den langen Wimpern, die winzigen Händchen, die sich um meinen Finger schlossen... und mich dabei ohne Dankgebet! Wie freudevoll und glücklich war ich in all den Jahren, als unsere Kleine gesund und fröhlich heranwuchs! Aber ich glaubte ja nicht an Gott und sandte ihm keinen einzigen Gedanken.

Wie konnte ich nur das Wunder des Lebens für ein Zufallsergebnis geistloser, sich selbst überlassener Materie halten? Ist etwa der Bau eines großen Domes denkbar ohne den Bauherrn, der die vielen Arbeitskräfte sinnvoll einsetzt? Kann eine blinde Zufallskraft, selbst wenn sie Jahrmillionen lang tätig wäre und Bausteine übereinander würfe, jemals solch ein Werk vollbringen? Oder die willkürliche, ungelenkte Arbeit all der einzelnen tätigen Hände ohne die Führung eines überlegenen Geistes?

Das ist unmöglich in alle Ewigkeit. Wir Menschen dieses gottfernen Jahrhunderts aber meinen, daß ein Kind in unseren Armen, dieses größte Wunder des Lebens, ohne den Schöpfergeist entstehen konnte.

Beim Überdenken und Prüfen meiner Vergangenheit fand ich auch Zeilen im Buch meines Lebens, die ich recht gern, vom Engel unbemerkt, ausradiert hätte. Klarissa aber sagte: »Ich kenne jede Stunde deines Lebens.«

Einmal versuchte ich, allein zu denken, und drückte meine Stirn ins Kissen, doch Klarissa sagte nur: »Ich höre dich immer.« Auch meine Hände, zur Abschirmung meiner Gedanken auf die Stirn gelegt, änderten nichts daran: »Ich höre dich immer«, sagte Klarissa. Und so fand ich mich damit ab, daß man vor Gott und seinem Engel eben nichts verbergen kann.

Aber nicht nur Gedanken hören die Engel. Sie bemerken auch jede Regung unseres Gefühls, sehen unserer Seele jede Empfindung an und nehmen auch unsere bildhaften geistigen Vorstellungen wahr, die wir nicht in Worten ausdrücken.

Die geheimnisvolle Macht des Wortes aber habe ich oft erfühlt. Bei besonders starken Gebeten spürte ich, wie mich ein leichter Schauer überkam und mich durchrieselte, vergleichbar einem Kälteschauer, doch im Gegensatz zu diesem nicht über die Haut hingleitend, sondern eindringend in den Körper. Wir empfangen solche Schauer als Bestätigung unserer Gebete. Es sind kosmische Einstrahlungen, erklärte mir Klarissa. Sie können sehr zart und kaum fühlbar sein, aber auch stark und heftig werden. Immer aber sind sie ein Zeichen der göttlichen Liebe.

Einmal nachts erlebte ich es, daß ein Stromschlag wie ein Kugelblitz in mich einfiel und sich dann im ganzen Körper gleichmäßig verteilte. Das war so heftig, daß ich glaubte, man könne auf solche Weise sterben. Doch empfand ich keine Angst dabei, sondern fühlte mich in Gottes Liebe und in Klarissas Armen wunderbar geborgen.

Es kam der Tag, an dem Klarissa sich von mir verabschiedete. Sie sagte mir, daß sie nun andere Aufgaben zu erfüllen habe und ich im weiteren von meinem Schutzengel Benedicta betreut würde. Ich war sehr traurig über diese Mitteilung. Der Gedanke, Klarissa zu verlieren, war mir schrecklich, doch sie tröstete mich und versicherte mir, daß sie mir immer aufs innigste verbunden bleibe. »Jeder Engel ist eine Ausstrahlung Gottes, eine Schwingung seiner Seele«, sagte sie, »und so geht eure Liebe zum Engel in diesen ein, beglückt ihn zutiefst und wird durch ihn weitergeleitet zum Vater. Wir Engel des Lichts sind nichts anderes als Gottes Liebe in Gestalt und Wesen, die Übermittler Seines Willens. Seiner Seele leiseste Schwingung geht in uns ein, und jede unserer Empfindungen strahlt zu IHM zurück. So liebst du also, wenn du deinen Engel liebst — wie dessen Name auch sei —, immer nur Gott, und in Gottes Liebe bleiben wir vereint in alle Ewigkeit.« Warum mich Gott in der ersten Zeit von Klarissa und nicht gleich von Benedicta lenken und erziehen ließ, habe ich nicht erfahren.

Mein Schutzengel Benedicta und andere hohe Engel

Mit Benedicta begann ein neuer Abschnitt in der Geschichte meines Wunders. Sie erschien mir sanfter als Klarissa, milder, nachsichtiger; doch sie erklärte mir: »Nicht nachsichtiger b i n ich, sondern Gott will es so: ich s o l l nachsichtiger sein. Er will dich nun sanfter geführt sehen. Meine Milde kann sich jederzeit in Strenge wandeln, sollte Sein hoher Wille das gebieten. Gehalten wirst du einzig von Gott in der Strenge wie in der Milde Seines Gefühls.«

Auf meine Frage, ob Klarissa vielleicht ein Erzengel sei — was ich ihrer Stärke wegen für möglich hielt —, antwortete mir

Benedicta nicht, doch sagte sie: »Erzengel sind Heiligtumbewahrer und Staatslenker. Sie stehen im Reich des Lichts vor ungeheuer großen und schweren Aufgaben, aber sie stehen Gott nicht näher als alle anderen Engel. Die Rangstufen der Engel sind nichts anderes als eine Aufgabeneinteilung, doch wir Engel haben alle die gleiche enge Zugehörigkeit zu Gott, und ein jeder von uns ist so stark, wie Gott es zur gegebenen Zeit verlangt, denn wir werden von seiner Kraft und seinem Willen durchströmt.«

Es kam die Zeit, in der Jesus damit begann, die erhabenen Geister des Himmels zu mir zu senden, die mich einführen sollten in das Grundwissen um all die Dinge, von denen er mir später Mitteilung und Botschaft geben wollte.

Jedes Instrument muß erst gestimmt werden, ehe ein großer Meister darauf zu spielen beginnt. So mußte wohl auch ich erst »eingestimmt« werden, ehe ich Jesus als Instrument dienen konnte.

Im Laufe der Monate dieses Jahres (1978) nannte mir Benedicta viele Namen, beschrieb mir die verschiedenartigsten Persönlichkeiten, ihr Aussehen, ihr Wesen und ihr Aufgabengebiet und nannte mir auch die Sterne, auf denen sie beheimatet sind. Wenn ich eine ruhige Stunde fand, ließ sie von dem einen oder anderen jener Geistwesen meine Hand führen. Die Berichte, die ich erhielt, übertrug ich jeweils in Schreibmaschine, weil die Handschriften oft nur schwer lesbar waren.

Vieles von dem, was mir die Himmelsboten damals erzählten, fand ich später als Allgemeingut christlichen Wissens in verschiedenen Kathechismen wieder. (Darüber brauche ich also nicht zu berichten.) Manches, was ich aus der jenseitigen Welt erfuhr, mag auch schon jenen Menschen bekannt sein, die sich mit metaphysisch-esoterischem Wissen oder mit der katholischen Mystik befaßt haben. Für mich war damals alles neu.

Ungewöhnlich und geheimnisvoll waren die Namen der himmlischen Wesen. Ihre Bedeutung erklärte mir Benedicta nicht. (Auf manche Fragen antwortet sie nur: »Dein Engel schweigt.«)

Die ersten der »Sterngötter« (wie Klarissa sie genannt hatte), die ich kennenlernte, waren Sixtus aus dem Sternbild der Fische und Usebius aus dem Fixstern Sirius.

Nach Usebius lernte ich Ezenaidas kennen, der den Planeten Neptun verwaltet, und später Abbenados, der mir sagte, ich solle an ihn denken, wenn ich am nächtlichen Himmel zur Kassiopeia aufschaue. Osario, den mir Benedicta wie den Baldur der Germanen schilderte, gab mir einmal einen Bericht über den Herrscher des Planeten Jupiter, der von den Engeln Emilius genannt wird. Auch Erwinius, der den Mars regiert, kam einmal, als ich ihn anrief und um Hilfe bat, die er mir sofort sehr deutlich spürbar gewährte. Seine Handführung war besonders kräftig und sicher.* Von Alemeila und Amerides, die aus der Venus auf uns einstrahlen, wurde mir vieles und Wunderbares erzählt. Über Deiamos, der den Merkur verwaltet, hörte ich damals wenig. Doch später, in den Botschaften von Jesus, wurde er eingehend beschrieben.

* Für die Namen Erwinius und Emilius fand ich später einmal im Lexikon die Erklärung: Erwin (eigentlich Herwin vom mittelhochd. her, »Heer« und win, »Freund«) Heeresfreund. Emil: vielleicht »der Nacheiferer« vom lat. aemulor.

In poetischen Worten beschrieb mir Benedicta damals noch Samodian, der dem Eros der Griechen zu gleichen scheint. Doch wies sie mich, wie auch Klarissa es schon getan hatte, deutlich darauf hin, daß all jene hohen Geistwesen keine selbständig herrschenden »Götter« seien, sondern nur Söhne des allgewaltigen Vaters, der unser Gott und Schöpfer ist.

Als dunkelhäutigen Schutz- und Schicksalsengel der Neger beschrieb sie mir Osseschua. Sie sagte, er sei von herrlicher, hoheitsvoller Erscheinung und in väterlicher Liebe darum bemüht, allen dunkelhäutigen Menschen zu helfen und ihnen das Gefühl ihrer Würde einzugeben.

Es gibt für jede Menschenrasse mächtige Engel in den Sternen, Persönlichkeiten höchsten Ranges, die in ihrer Erscheinung alle Merkmale dieser Rasse in vollendeter Schönheit darstellen.

Sanaïdes, Endyminian, Alezebio, Mandenides, Melimeres waren Namen von Engeln, die nur für die Menschen der jenseitigen Welt da sind, also nicht zu den Schicksalsengeln gehören. Von Domiegus wurde mir erzählt, daß er ein wunderschöner, sehr liebevoller, ernster Engel sei, der aus dem Sternbild »Kreuz des Südens« zu den Sterbenden kommt, die einen schweren Tod erleiden müssen, und diesen Menschen in wunderbarer Weise hilft.

Der entfernteste Gottessohn aus den Sternen um unsere Erde, den ich sozusagen noch »persönlich« kennenlernte, weil er einmal kam und meine Hand ergriff, war Dalamos. Er ist der Beherrscher des Andromedanebels, also er verwaltet eine ganze Galaxie. Trotz der riesigen Entfernung seiner Sterne hat er noch eine starke Beziehung zur Erde, denn Entfernungen gibt es nicht für göttliche Wesen. Dalamos sagte mir, daß der Andromedanebel die einzige Galaxie sei, die einbezogen ist in die Strahlungsfelder unserer Milchstraße. Alle entfernteren Sternenansammlungen haben keine Bedeutung mehr für die Erde.

Daß der Kosmos mit Leben durchflutet ist, wußten schon die alten Sumerer (3500 v. Chr.), die zu ihren Sterngöttern in engster religiöser Beziehung standen. Wir sollen es nun wieder erfahren, daß wir aus vielen Augen beschaut und beobachtet werden, wobei wohl so manch einer »geprüft, gewogen und zu leicht befunden« wird. Und wenn wir das Bild dieses tausendfältigen Wirkens über uns aufgenommen haben, dann genügt es wiederum, wenn wir uns einfach nur an Gott wenden, denn alle Liebe endet in I h m .

Senden wir Bittgebete zu Jesus, so werden von ihm jene Mächte für uns eingesetzt, die im gegebenen Fall notwendig und richtig sind. Und doch ist es uns auch erlaubt, bei Lebensstörungen jene ihm verbundenen Geistwesen anzurufen, die in den Sternen über uns walten, ebenso wie wir auch starke Menschenseelen um Hilfe bitten dürfen. Die Kirche kennt die Kraft der Fürbitte bei Heiligen, die schon verstorben sind, wie auch den Gebetseinsatz durch liebesstarke Menschen, die noch mit uns leben. Wenn wir uns schwach fühlen und eine starke Seele betet für uns, so wird die Liebe unseres Herzens von der Strahlungskraft dieser Seele aufgenommen und dringt dadurch in einer stärkeren Strömung zur Gottheit.

Die Intensität der Liebeskraft ist von höchster Bedeutung. Die Ströme der Liebe werden durch unsere Gebete zur Dreieinigen Gottheit hin aufgesandt, von dieser aufgenommen und wieder zu uns zurückgelenkt. In welcher Weise uns der Segen Gottes, die Gebetserhörung und -erfüllung und die reale Hilfe zuerteilt werden, darüber brauchen wir nicht nachzusinnen.

Versuchen wir es, das göttliche Erfassen und Prüfen einer jeden einzelnen Seele verstandesmäßig zu begreifen, dann können wir uns nur vorstellen, daß die kosmischen Mächte über eine Art Technik verfügen, gegen die unsere hervorragendsten Computer nur allerprimitivste Geräte sind.

Gläubige Christen brauchen keine Erklärung für das geheimnisvolle Wirken über uns. Sie wissen längst davon, sagte doch Jesus: »Nun aber sind auch eure Haare auf dem Haupt alle gezählt« oder »Es ist nichts verborgen, das nicht offenbar werde, und nichts heimlich, das man nicht wissen werde« (Matth. 10/30 und 10/26).

Sixtus

Sixtus also war der erste der Sternmächte, den ich kennenlernte, vermutlich weil er aus dem Sternbild der Fische kommt, unter dem ich geboren bin. Doch er ist für alle Menschen da. Als großer Arzt aus der geistigen Welt ist er von tiefer Menschenliebe erfüllt und sehr viel auf Erden tätig.

Er kenne mich schon seit meiner Geburt, sagte er, und habe an jeder glücklichen Schicksalsfügung meines Lebens mitgewirkt. Ich erfuhr von ihm, daß Engel, wie alle Geistwesen, einen festen Körper haben, daß sie atmen, daß ihr Körper nach dem gleichen göttlichen Gesetz aufgebaut ist wie der menschliche Körper; also sie bestehen nicht aus Strahlen, wie ich es anfangs vermutet hatte, sondern aus allerfeinster Materie, die aus »Leichtatomen« zusammengesetzt ist.

In unserem irdischen Körper liegt fest mit ihm verwachsen ein geistiger Körper, in dem jedes unserer Organe, jede Zelle in uns vorhanden ist. Dieser Leib aus allerfeinster Substanz löst sich erst im Augenblick des Todes aus dem irdischen Organismus heraus. Er ist das, was wir im allgemeinen als »Seele« bezeichen, er wird auch Astralkörper genannt. Dieser Körper ist von keiner irdischen Kraft zu beschädigen, zu verletzen oder zu zerstören.

Wir alle sind durchströmt vom Hauch Gottes. Seherisch begabte Menschen können die Ausstrahlung der Aura bisweilen erkennen. Der Heiligenschein auf alten Bildern christlicher Kunst zeigt uns das. Doch sind unsere Augen im allgemeinen nur für die irdischen Lebensverhältnisse gestaltet, darum können wir unsere Engel nicht sehen. Sixtus sagte mir aber, daß es Gottes Absicht sei, die Augen der Menschen so zu verfeinern (in einigen Jahrhunderten vielleicht, wenn sich die Menschheit veredelt hat), daß sie die Engel wahrnehmen können. Jetzt aber ist das nur einzelnen Menschen möglich unter der Einstrahlung göttlicher Gnade. So eine Gnade kann nicht erbetet werden, sie wird überraschend geschenkt. Mir habe es Gott ein einziges Mal gewährt, Jesus visuell wahrzunehmen, um mich von allen Zweifeln zu befreien, damit ich ruhig und sicher die mir erteilte Aufgabe erfüllen könne. Auf meine Frage, ob wir denn in unserer Seele, die in der jenseitigen Welt also ein »Körper« ist, nochmal eine innere Seele hätten zum Fühlen und Empfinden, bekam ich die Antwort: »Ja, in eurem Seelenkörper habt ihr wieder eine Seele, also ein feines Inneres, mit dem ihr fühlt und empfindet. Sonst wärt ihr ja alle seelenlose geistige Körper im ewigen Leben.«

»Alles ist Schwingung«, erzählte er mir ein anderes Mal. »Materie also erscheint euch nur fest. In Wirklichkeit besteht sie aus allerkleinsten Teilchen,die locker aneinanderhängen. Daher kann ich mit meiner Hand durch diesen Tisch greifen, auf dem du hier schreibst. Ich kann aber nicht deinen Körper durchdringen, denn dieser ist für mich aus dichter Substanz, weil in ihm dein seelischer Körper liegt. Wenn ich deine Hand umfasse, um damit zu schreiben, so führe ich nicht deine irdisch-körperliche Hand, sondern die darin verborgene aus geistiger Substanz.«

Später sagte er mir, daß es außer dieser Art des Umfassens auch noch die Möglichkeit gibt, meine Hand durch Kraftströme göttlichen Willens zu lenken. Ich glaubte ja damals, der einzige Mensch zu sein, dem jemals solch ein Wunder widerfahren sei, denn ich wußte nichts von den Erlebnissen der Mystiker oder medial begabter Menschen und nichts von all den Erkenntnissen und Einblicken in die jenseitige Welt, die der parapsychologischen Forschung gelungen sind. Erst vor kurzem las ich, daß schon König David die Anweisungen für seine Tempelbauten bis ins kleinste Detail der Innenausstattung auf medialem Wege erhalten hat durch das sogenannte automatische Schreiben.

Sixtus ist sehr viel auf der Erde tätig. Er hat einen großen Stab von Mitarbeitern, die zum Wohle der Menschheit eingesetzt werden. Auch alle Heiligen, die von den Menschen bei gesundheitlichen Nöten angerufen werden, liegen in einer Schwingungsebene mit ihm.

Die stärkste Kraft in dieser Gemeinschaft der Helfenden aber ist Maria. Sixtus wies mich darauf hin, daß die Gebetshinwendung zur Muttergottes — ihre Liebe, ihre Fürbitte, ihr

Einsatz — seine Kraft verstärkt und ihm als ausübendem Arzt die Hilfeleistung in jedem einzelnen Krankheitsfall erleichtert.
Über die Persönlichkeit Sixtus' und sein Wirken erhielt ich später eine ausführliche Beschreibung von Jesus (siehe Kapitel »Krankheitsbekämpfung durch geistige Helfer«).

Usebius

Bevor Usebius zu mir kam, um meine Hand zu ergreifen und zu mir zu sprechen, erzählte mir Benedicta, daß der Fixstern Sirius ein Stern von hoher Bedeutung für uns Menschen sei. Usebius regiert dort als mächtiger Sohn Gottes, und auch Jesus weilt sehr oft in den Lichtsphären dieses Sternes, wo die erhabensten Geister einander begegnen. Es finden in jenen Reichen in gemessenen Abständen Zusammenkünfte unserer Schutzengel statt, und auch die Schicksalsmächte der Sterne treffen sich dort, um irdische Fragen und Probleme zu besprechen.

Benedicta schilderte mir Usebius als hoheitsvolle, große, schlanke Erscheinung mit schmalen Gesichtszügen und sagte, daß er, von weitem betrachtet, Jesus ähnlich sehe. Er sei ein großer ausübender Geist der schönen Künste: der Malerei, der Bildhauerei und der Musik, und sorge auch für die Menschen auf Erden, die in gottgebundener Weise künstlerisch tätig sind.

Usebius kam, ergriff meine Hand und schrieb mir viel über Gott, von der unvorstellbaren Kraft, mit der E r das ganze

Universum beherrscht, Sterne in Bahnen lenkt, Myriaden von Engeln führt und leitet und überall für Ordnung sorgt, damit nirgends wieder Chaos entsteht.

»Mit heiligen Empfindungen sollt ihr Menschen immer in den Sternenhimmel blicken und dabei an euren Schöpfer denken, dessen hohes Ziel es ist, das All mit Leben zu besiedeln, denn Gott ist der Geist des Lebens und der Liebe. Sehr viele Sterne gibt es schon, auf denen Leben herrscht, aber unendlich viele andere sollen noch bevölkert werden, denn überall im Kosmos soll glückliches Leben erblühen. Darum werdet ihr Menschen hier auf dieser kleinen Erde geboren, weil ihr weiterleben sollt in herrlichen Reichen des Lichts, wo ihr euch seelisch und geistig höherentwickeln könnt. Betet immer wieder den Dank eurer Herzen zu Gott, der euch ins unvergängliche Leben rief!«

Von Usebius bekam ich aber auch Ermahnungen zur Reinerhaltung unserer Erde, die ich an die Menschheit weitergeben soll: »Viel zuviel Gift dringt über eure Flüsse in die Meere«, schrieb er, »dadurch kommt es zu Störungen der Natur, die schreckliche Folgen für euch haben werden. Viel zuviel Gift gelangt auch in die Atmosphäre. Ihr wißt es, kennt die Folgen und unternehmt nichts dagegen. Sehr, sehr traurig ist es für Gott, daß ihr in eurer Gier nach Reichtum und Luxus schon unzählige Tierarten ausgerottet habt. Auch die Schädigung der gesamten Insektenwelt durch angewandte Gifte hat schwere Folgen für euch, weil die göttliche Ordnung im Gleichgewicht der Natur gefährdet ist. Bitter weh ist es Gott um jede Tierart, die ihr vernichtet! Ihr richtet in wenigen Jahrzehnten zugrunde, was er in Jahrmillionen erschaffen hat.

Mit größter Sorge blicken wir alle aus der Sternenwelt auf eure Erde. Es gibt nur eine Rettung für euch: die Rückkehr zum Glauben und die stärkste Hinwendung aller Menschen zu Jesus.«

Usebius sprach auch von einer notwendigen Einschränkung der Geburten in den übervölkerten Ländern der Erde. Doch nicht durch »Abtöten des entstehenden Lebens« darf das geschehen, sondern durch Enthaltsamkeit oder Empfängnisverhütung. »Denn nun gilt für euch nicht mehr das Bibelwort: ‚Mehret euch', sondern das Wort: ‚E r h a l t e t euch für Gott und erhaltet die Erde für eure Nachkommen'.« Die notwendigen Gedanken, Ideen, Eingebungen und Erfindungen zur Bewältigung all dieser Probleme erhalten wir, wenn wir uns wieder Gott zuwenden. Nur dann ist es allen guten auf uns einstrahlenden Mächten im Kosmos, besonders aber den einzelnen persönlichen Schutzengeln möglich, auf uns einzuwirken und uns zu helfen.

Sanaïdes

Ein Engel, der sich Sanaïdes nannte und, wie er mir sagte, nicht zu den Sternmächten gehört, sondern zu den Engeln im Kreis um Jesus, ging einmal auf meine Frage ein, warum in der Natur eine Tierart die andere töten muß, um zu leben, und warum es soviel Schmerz und Leid gibt auf dieser Erde. Er erklärte mir:

»Gott erschuf das irdische Leben aus dem Nichts. Zu seiner Erhaltung bedarf es der Härte der Naturgesetze, es gab keinen andern Weg. Jedem Geschöpf ist ein Odem Gottes eingegeben als lebenserhaltende, den Organismus steuernde Kraft. Alles, was den Geschöpfen aus der Umwelt angetan wird, also etwa das Eindringen von Bakterien bei Verletzungen, wird sofort von dieser Lebenskraft bekämpft. Damit die Körperabwehr Erfolg hat, muß der Schmerz sein, der das betroffene Tier wie auch den Menschen zur Ruhe zwingt, damit die Heilung vollzogen werden kann. So sind Schmerz und Todesangst unvermeidbar und notwendig zur Erhaltung des Lebens. Schmerzunempfindliche Tierarten würden sehr schnell aussterben. Diese Naturgesetze sind nicht zu umgehen.

Wir Engel können nicht aus Mitleid eingreifen und einem leidenden Geschöpf die Schmerzen nehmen, also etwa ein Tier, das von gefühllosen Menschen gequält wird, betäuben oder dessen schnellen Tod erzwingen, um es zu erlösen. Wir Engel können aber in das Gefühl und Gewissen aufgeschlossener Menschen einwirken und diese dazu bewegen, gegen derartige Grausamkeiten einzuschreiten und den mißhandelten Tieren zu helfen. Es ist uns nicht möglich, ein gesundes, kräftiges Herz zum Stillstand zu bringen. Ein leidendes Geschöpf ist erst dann erlöst, wenn alles in ihm zusammenbricht.

Wir können auch bewirken, daß Menschen, die roh und grausam sind, nach einem Gesetz des Himmels bestraft werden. Ihr Erdenleben wird dann aus der vorgezeichneten Schicksalsbahn abgelenkt und Härten werden eingefügt, die nicht in den Sternen standen. Jede Grausamkeit, jede Rohheit, jede Mitleidlosigkeit, ob sie sich gegen Mensch oder Tier erweist, wird nach unerbittlichen Gesetzen der Gerechtigkeit zur gegebenen Zeit bestraft. Männer, deren Beruf es ist, Tiere zu töten, die der menschlichen Ernährung dienen, haben, wenn sie das so schnell und schmerzlos wie möglich tun, nichts zu befürchten. Doch kommt es auch vor, daß Männer in solchen

Berufen so kalt und gefühllos werden und seelisch so verhärten, daß wir sie bestrafen müssen.

Ähnlich ist es mit den Forschern im Dienst der Menschheit. Große Forscher der Medizin haben ihre Entdeckungen am Tier erprobt. Das war kein Verbrechen, wenn sie die Tiere nicht quälten. Wenn aber forschende Menschen jedes Gefühl dafür verlieren, daß Tiere Qualen erleiden, wenn sie sie wie gefühl- und seelenlose Gegenstände behandeln, so bedeutet das für uns Engel, daß sie selbst zu gefühl- und seelenlosen »Gegenständen« werden, das heißt also ihre Menschlichkeit einbüßen und ihren Seelenwert verlieren.

Keine Macht der Erde, keine weltliche Institution kann einen Menschen dazu zwingen, unmenschlich zu handeln! Man möge zur Kenntnis nehmen, daß die Grausamkeiten in den Laboratorien zum Himmel schreien! Doch nicht nur dort. Es kommt vor, daß Menschen Tiere, die ihnen ausgeliefert sind, gnadenlos und unbarmherzig in abscheulichster Weise mißhandeln, sobald sie aber selbst in Not geraten, Gott um Beweise seiner Liebe, Barmherzigkeit und Gnade anflehen. Solche Gebete dringen nicht zu Gott. Wer nicht die Möglichkeit hat, menschenunwürdige Tierquälerei durch persönlichen Einsatz zu verhindern, der setze die Kraft seines Geistes dagegen ein.

Wir erhoffen ein Zeitalter der edlen Seelen, eine Menschheit, die sich auch ihrer Verantwortung den Geschöpfen und der Natur gegenüber bewußt ist. Wenn Ärzte und Wissenschaftler es wieder lernen, auf ihre innere Stimme zu hören, also den Einsagungen der Engel zu lauschen, wenn sie sich in stärkster Weise an Gott binden, wird es ihnen bedeutend leichter sein, dem Wohl der Menschheit zu dienen als durch größtenteils sinnlose Experimente. Unendlich viel Geisteskraft liegt brach dadurch, daß sich die Menschen von Gott gelöst haben.«

Als ich nach diesen Ausführungen des Engels Sanaïdes wieder mit Benedicta allein war, fragte ich sie, warum denn in den Evangelien kein Hinweis darauf zu finden sei, wie sich der Mensch dem Tier gegenüber zu verhalten habe. Sie antwortete mir, daß Jesus sehr viel mehr gesagt und getan habe als uns durch die Evangelien übermittelt wurde und wies mich auf den Schluß des Johannes-Evangeliums hin. Ich schlug dort nach und fand den Satz: »Es gibt noch viel anderes, was Jesus tat. Wollte man dieses einzeln niederschreiben, so glaube ich, würde die Welt die Bücher nicht fassen, die zu schreiben wären.«

Ezenaidas

Er ist der Beherrscher des Planeten Neptun. Benedicta schilderte ihn mir als Erscheinung von schlanker, feingliedriger Gestalt mittlerer Größe, sein edles Antlitz schön und seelenvoll im Ausdruck, sein Wesen ruhig, träumerisch und von höchster Sensibilität. — So kann man also nicht sagen, er gleiche dem Neptun der Antike, obwohl das Wasser auch sein Lebenselement zu sein scheint.

Er kam im Herbst 1977 einmal zu mir. Seine ersten Worte, die er an mich richtete, rührten mich sehr, und ich gebe sie hier wieder, weil ich erfahren habe, daß alle Menschen vom Augenblick ihrer Geburt an von hochstehenden Geisteswesen in ähnlicher Weise geliebt werden, ohne es zu wissen.

»Sei mir gegrüßt, du kleines Menschenherz! Ich bin dir weit mehr verbunden, als du es erahnst. Du bist mir angehörig durch deine Geburt. Nichts, was in deinem Leben geschah, ist mir unbekannt. Die Sterne, die deine Geburt bestrahlten, sandten meiner Liebe innigste Gedanken, meiner Seele stärkste Gebete zu Gott.

Aufgebaut auf felsenreicher Küste steht mein Schloß. Seine Türme ragen hoch in den azurblauen Himmel, seine Grundsteine aber liegen in den Tiefen des Meeres, das die Felsen umspielt. Niemals kannst du es erfassen, was für ein Übermaß an Schönheit in diesem Schloß, in diesem blauschimmernden Palast der Tiefe verborgen ist.

Meine Welt ist die Welt der Träume und der Schönheit, der glanzerfüllten Melancholie und der Sehnsucht. Meine Welt ist das Wasser, ist die Tiefe des Ozeans, darin des Lebens Urkraft liegt und die Urgewalt der Natur. Mein Reich ist Woge und Schaum, Fels und Gestade, endlose Weite im blaugrauen Dunst, ist Sturmesbrausen in dunkler Nacht, ist goldener Sonnenglanz im Spiegel des Himmels. Und wie das Bild der Natur meines Reiches, so ist meine Seele.«

Dann führte er mich gedanklich von Raum zu Raum seines Schlosses, dessen wundervolle Schönheit er mir schilderte. Es war das schönste ‚Märchen', das ich jemals gehört hatte, und doch war es nur e i n leuchtendes Blatt im großen Bilderbuch meines Wunders, das er mir schenkte.

Als ich anschließend darüber nachsann, ob solch ein Schloß Wirklichkeit sein könne, erzählte mir Benedicta, daß auf den Sternen der jenseitigen Welt sehr viele derart herrliche Bauwerke stehen, und sie fügte hinzu, daß auch auf Erden die großen Meisterwerke der Baukunst durch göttliche Eingebungen entstanden sind.*

Die jenseitige Welt
Reinkarnation oder ewige Seligkeit?

Das transzendente Sein, das Leben also außerhalb der Grenze des sinnlich Wahrnehmbaren, ist nach allem, was mir die Boten des Himmels erzählten, völlig real, ja sogar »viel wirklicher« als das Leben hier.

Wir alle neigen dazu, falls wir überhaupt daran glauben, uns ein jenseitiges Leben traumhaft-versponnen vorzustellen. Es ist aber ganz anders.

Alle Sinne des Menschen sind im geistigen Sein bedeutend verfeinert. Wir haben seelische Augen von höchster Sehschärfe, mit denen wir alle Farben jener Welt viel klarer, schöner, leuchtender sehen als die Farben hier auf Erden. Wir haben das beste Gehör, den feinsten Geruchs- und Geschmackssinn, und wir werden von einem körperlichen Wohlgefühl durchströmt, wie wir es auf Erden nicht kennen.

* Ich möchte hier nochmals auf eine sonderbare Gleichheit der Erfahrungen hinweisen, die mir im bereits erwähnten Buch »Die unbekannte Dimension« (A. Teillard) auffiel, das ich erst im Juli 1979 las. Über Neptun schreibt die Seherin: »Er ist der Gott des Rauches und der Träume. Wie er da stand, am Meeresufer, leicht an einen Felsen gelehnt, den Blick der grünblauen Augen ins Weite gerichtet, war er ein Bild äußerster Sensitivität. Sein Gesicht war schmal, bartlos, jung, zum Kinn stark verjüngt, die Gestalt war mittelgroß. Er ist ein Seher und ein Dichter, kein Kämpfer. Sein Palast liegt in den Tiefen des Ozeans, sein Reich ist das geheimnisvollste von allen Reichen. — Aber vergessen wir nie, daß Meere, Wälder, Räume und Gestalten, von denen hier die Rede ist, nicht aus irdischem Stoff geformt sind. Sie existieren in einer Sphäre der Unvergänglichkeit, von der die Seher immer wußten, als Formen eines außer uns vorhandenen transzendenten Seins.«

Benedicta sagte mir einmal, daß wir uns an das Erdenleben zurückerinnern werden wie an einen dunklen Traum in Nebel und Kälte. Wir alle bleiben ja nach dem irdischen Tod voll im Besitz unserer Persönlichkeit, d. h. also, daß wir auch das Erinnerungsvermögen behalten. Nur Erlebnisse, die wir vergessen sollen, Eindrücke, die nicht mitgenommen werden dürfen in die Welt der Seligkeit und Reinheit, werden in unserem Bewußtsein gelöscht. Ein Engel gibt uns einen Lethetrank, der die Auflösung bestimmter Erinnerungsbilder bewirkt. Das verändert aber nicht unsere Persönlichkeit.

Viele Menschen, darunter auch gute Christen, glauben, daß sie nach ihrem Tod wieder in ein neues Erdenleben zurückgeführt, also reinkarniert werden. Die Wiedergeburt bzw. Seelenwanderung ist heute ein weltweit diskutiertes Thema. In zunehmendem Maße wird angenommen, daß die Menschen von einem Leben zum anderen den Wert ihrer Seele steigern müssen, bis sie schließlich den Reifegrad erlangt haben, der ihnen die Aufnahme in die hohen Sphären der himmlischen Welt ermöglicht.

Ich habe es so erfahren: Es gibt Geheimnisse um die Wiedergeburt, Regeln, Gesetzmäßigkeiten, Reifungs- und Stabilisierungsvorgänge der menschlichen Seelensubstanz im Reinkarnationsprozeß, aber es gibt nicht die e n d l o s e Reihe der Wiedergeburten im Rad der karmischen Verstrickung. Und doch dürfen wir nicht die jahrtausendealten Erfahrungen fremder Völker (wie etwa in Tibet oder Indien) einfach als Aberglauben abtun, wie es einige unserer Wissenschaftler und Philosophen um die Jahrhundertwende mit sämtlichen Religionen getan haben.

Wie klar und deutlich Informationen aus der jenseitigen Welt, wie realistisch Kontakte mit überirdischen Wesen sein können, erlebe ich nun selbst. Und es ist bekannt, daß in jenen fernen Ländern mediale Begabungen keine Seltenheit sind. Also wissen diese Menschen sehr viel, doch wissen sie wohl nicht, daß Jesus auch für sie in »Seines Vaters Haus Wohnungen« eingerichtet hat, denn der Kosmos braucht Menschenseelen, Menschengeist und Menschenkraft, also die Energie eines jeden einzelnen.

Nach all dem, was mir die Engel berichteten, habe ich das Folgende klar verstanden: Jesus hat erreicht, daß nur jene Menschenseelen, die zu labil sind, die zu wenig Konsistenz haben, um den Strahlungen des Kosmos gewachsen zu sein, nochmals zu ihrer Stabilisierung auf die Erde zurückgesandt werden müssen. Die Naturgesetze sind unerbittlich hart. Wir alle wissen, daß nur bestehen kann, was stark ist. Genauso ist es auch im Kosmos.

Bei Menschen also, die ihr Erdenleben hier verfehlen (etwa, weil sie trotz körperlicher Gesundheit und Geisteskraft keine Leistungen vollbringen und nichts anderes im Sinn haben, als ihr Dasein zu genießen), bleibt der Astralkörper so kraftlos und schwach, daß er sich in den Strahlungen des Kosmos auflösen würde. Ebenso ist es mit Menschen, die zwar arbeitsam und fleißig, lebenstüchtig und erfolgreich sind, die aber ihr Herz verkümmern lassen, also ihr Leben lang kalte Egoisten und Egozentriker bleiben. Auch ihre minderwertigen, liebesunfähigen Seelen könnten nicht bestehen unter den Strahlungen des Heiligen Geistes, die, von einer urgewaltigen Sonne ausgehend, das ganze Universum durchfluten.

»Es ist aber völlig unmöglich, daß auch nur eine einzige Seele ausgelöscht wird, das würde Gott niemals dulden«, sagte mir Benedicta. »Gott hat in unsagbaren Mühen, über unendliche

Zeiträume hinweg, die unsterblichen Seelen erschaffen, und sie müssen bestehen bleiben! Gott braucht sie!«

Der Kosmos wächst ständig: er dehnt sich aus, und neue Sternenwelten entstehen. Das Universum muß von Geisteskraft durchflutet und gelenkt werden. Der Mensch ist deshalb eine Notwendigkeit im göttlichen Ewigkeitsplan. Er wurde biologisch gezielt entwickelt, sobald die Voraussetzungen auf der Erde dafür gegeben waren. Das Entstehen der verschiedenen urzeitlichen Tierarten, die wieder vergingen, war ein Gefügigmachen der lebensdurchpulsten Materie, die geformt und gestaltet werden mußte, um aufnahmefähig zu werden für die Seelensubstanzen aus dem Kosmos. Erst nach diesen Vorbereitungen, die sich über irdische Jahrmillionen hin erstreckten, wurde unter den Einstrahlungen des Heiligen Geistes dem aus dem Tier entwickelten Menschen die unvergängliche Seele eingegeben.

In jeder einzelnen Menschenseele liegt Gottes Liebe; keine darf aus diesem Grunde wieder vergehen. Lebensunfähige Seelen erfahren nach ihrer Läuterung eine Reinigung, nach der sie in tiefen Schlaf fallen. In diesem Zustand von Bewußtlosigkeit verdichtet sich ihre seelisch-körperliche Substanz. Sie löst sich also nicht auf, sondern zieht sich zusammen, bis die Urform allen Lebens erreicht ist. In dieser wird sie nochmals inkarniert, um höhere Werte zu entwickeln.

So wurde es mir von den Engeln berichtet und erklärt, und es war mir so neu wie alles andere, was ich erfahren habe. Später erhielt ich auch noch von Jesus eine Botschaft darüber in seiner erhabenen Sprache (siehe Kapitel »Stern der Bereitung«).

Jesus weist in der Folge seiner Botschaften immer wieder darauf hin, daß wir alle in der Liebe, Gnade und Barmherzigkeit

Gottes leben und daß keiner von uns nochmals zur Erde zurück muß, der den Weg geht, den er, Gottes Sohn, uns bereitet hat, denn die Wahrheit der frohen Botschaft, die er verkündete, steht über allen anderen religiösen Erkenntnissen.

In den Reichen des Lichts

Wir bleiben also in unserer Persönlichkeit! Und sogleich nach unserem Tod werden wir zu neuem Leben erwachen. Die erste Aufzeichnung, die ich von meinem Engel darüber erhielt, will ich hier wiedergeben:

»Jeder Mensch, der zu keiner bösen, gemeinen, hinterhältigen oder grausamen Tat fähig ist und der sich hier auf Erden im Sinne Gottes bewährte, wird in Gottes Reich aufgenommen. Im Jenseits erwartet die guten, reinen Seelen das allerherrlichste Leben. Gleich nach dem Tod wird in jede Seele eine göttliche Strahlung eingegeben, die den geistigen Körper durchfließt wie Blut. Das Herz beginnt zu schlagen, die Lunge weitet sich, der neugeborene Mensch atmet. Ein unbeschreibliches Wohlgefühl durchströmt ihn. Er öffnet die Augen und erblickt seinen Engel. Von diesem wird er zunächst in eine Sphäre geführt, in der alle gleichzeitig Verstorbenen zusammentreffen. Von dort aus werden die Menschen in ihr überirdisches Heimatland geleitet. Von allen körperlichen Unvollkommenheiten wie auch Alterserscheinungen sind sie dann befreit.

Ein großes Geburtstagsfest wird jedem Menschen bereitet, der eingeht in Gottes Welt. Er wird empfangen von allen, die ihn schon auf Erden liebten, sofern diese edel genug waren, um aufgenommen zu werden in den Sphären des Lichts.

Von wunderbarer Schönheit ist dort die Natur. Dörfer und Städte haben sich die Menschen wieder gestaltet. Herrliche Bauten und Kunstwerke erschufen sie. Die Materie ist anderer Art als hier, doch der irdischen ähnlich. — Alle unvorstellbar großen und herrlichen Reiche werden von Engeln beherrscht, die für Ordnung und Gerechtigkeit sorgen.«

Ein anderer Engel schrieb mir: »Ein herrliches Leben erwartet euch nach dem irdischen Tod, euch alle, die ihr gut und edel gelebt habt. Denkt immer daran, daß ihr euch auf dieser Erde nur vorbereitet auf ein ewiges Leben! Alles, was ihr hier lernt, könnt ihr im Jenseits gebrauchen, nichts geht euch verloren. Jede Fähigkeit, die ihr hier mühsam erworben habt durch Fleiß und Arbeit, behaltet ihr in ewige Zeiten hinein. Eure Seelenhände nehmen die Geschicklichkeit der irdischen Hände in sich auf, und ein jeder nimmt all sein Wissen und all sein Können mit in die sphärischen Reiche. Alle Menschen sollen dort glücklich werden. Es gibt unendlich viel Land, das besiedelt werden soll. Das All wächst ständig, neue Sonnen und Planeten entstehen, und überall gibt es Aufgaben zu erfüllen von euch Menschen, die ihr hier geboren, gewachsen und gereift seid auf dieser so kleinen, aber unsagbar wichtigen Erde.«

Über das Sterben

Wir alle sollen unser irdisches Leben lieben und uns bemühen, es uns so lange und so gesund wie nur möglich zu erhalten; doch sollten wir immer gedanklich unserem Tod voraus sein, also ihn ins Leben mit einbeziehen. Die tägliche Bitte beim Morgengebet um unseren Schutz stärkt unsere Schutzengel und bewirkt, daß auch die Schicksalsengel, also die

Sternmächte, zu unserem Wohle durch göttliche Einstrahlungen gestärkt und beeinflußt werden.

So erzählte es mir Sixtus. Krankheit und Tod sind also kein unausweichliches, festliegendes Schicksal. Alles schwingt ineinander, und die schwersten Verhängnisse können durch Gottes Wort gelöst, durch die Liebe Jesu gewandelt werden. Solange unser Körper noch gegen eine Krankheit kämpfen kann, sollen wir auch seelisch um unser Leben und um die Wiedererringung unserer Gesundheit kämpfen. Zeigt es sich aber, daß der Einsatz aller irdisch-medizinischen Mittel, aller Naturkräfte und aller Hilfsströme liebender Geister erfolglos bleibt, dann müssen wir uns ergeben und uns auf das andere Leben einstellen.

Wir halten oft für Ungerechtigkeit, was allerhöchste Gerechtigkeit ist, oder für eine Strafe Gottes, was unabänderlich in den Naturgesetzen eingewoben und biologisch bedingt ist.

Der schwerste Tod, so erzählte mir Sixtus weiter, ist jener, den wir für den leichtesten halten, also der plötzliche, unerwartete Tod. Die Seele des Verstorbenen kann dadurch das erleiden, was wir einen seelischen Schock nennen. Doch das geschieht nur bei Menschen, die nicht an Gott gebunden leben. Im Vollbesitz ihrer Persönlichkeit befinden sie sich plötzlich neben sich selbst, also neben ihrem irdischen Körper, den die Engel als »Gewand« bezeichnen, und stehen fassungslos einer niemals erahnten Welt gegenüber. Darum sollen wir immer über unseren Tod hinausdenken und durch Gedanken und Gebete unseren Schutzengel an uns binden.

Kinder, die plötzlich sterben, erschrecken nicht in diesem Maße, denn sie sind allem Wunderbaren gegenüber viel aufgeschlossener als erwachsene Menschen. Jedes Kind, das gestorben ist, wird sofort, wenn es zu neuem Leben erwacht, von einem mütterlich liebevollen Engel in Obhut genommen. Jeder Mensch, der in inniger Gottverbundenheit gelebt hat, erwacht in den Armen seines Engels. Doch auch glaubenslose Menschen werden von geistigen Führern empfangen und in eine Zone der Reifung und Erziehung gebracht.

Wer sein Leben hier verfehlte, kommt auf einen Planeten der Läuterung. Schwere Sünder und Verbrecher werden in die Schattenwelt gebracht oder sie bleiben noch auf die Erde gebannt, wo sie zunächst am Ort ihrer bösen Tat dasselbe durchleiden müssen, was sie anderen Menschen angetan haben. Aber auch Rohheiten Tieren gegenüber werden in ähnlicher Weise gesühnt.

Als schwerste Sünde gilt der Mord am wehrlosen Opfer. Je mehr Geist und Verstand ein Mensch besitzt, desto härter ist die Strafe für seine Verbrechen, die er zu durchleiden hat. Kriegsverbrechen werden nur den wirklich Schuldigen angelastet, besonders jenen, die Kriege entfacht haben (siehe auch Kapitel »Sphären der Läuterung«, S. 184).

Menschen, die geisteskrank waren, finden erst nach dem Erdenleben ihr eigenes Ich. Für sie beginnt dann erst das Leben, das sie hier in geistiger Verwirrung oder Umnachtung verbringen mußten; sie werden selbstverständlich für keine ihrer Handlungen verantwortlich gemacht.

Der größte Irrtum, den ein Mensch begehen kann, ist Selbstmord. Nach dieser Tat ist das Problem, dem er entfliehen wollte, keinesfalls gelöst; er nimmt es als schwere Bürde mit ins Jenseits. Die Flucht aus dem Leben wird nur unter besonderen Voraussetzungen verziehen (z. B. jugendliche Unreife, außergewöhnlich schreckliche Situationen, wie sie im Kriege vorkommen, große Schmerzen oder geistige Verwirrung). In den meisten Fällen aber werden die Menschen, die hier ihr Leben eigenwillig abbrachen, weil sie sich der Verzweiflung überließen, anstatt sich an Gott zu wenden in ihrer Not, von den Erzengeln dazu verurteilt, die Anzahl der Jahre, die ihnen auf der Erde zu durchleben zubemessen waren, in gottesferner Dunkelheit zu verbringen — ein wahrhaft trauriges Los.

Wer einen Angehörigen oder einen lieben Menschen auf diese Weise verloren hat, kann ihm durch Gebete helfen. Ebenso ist es bei anderen Verstorbenen, die Schuld auf sich geladen haben. Oft genügen schon wenige starke, innige Gebete an Gott oder Jesus, um die unglückliche Seele zu erlösen. Eine große Hilfe für den Verstorbenen ist es auch, wenn man für ihn kommuniziert und Jesus dabei um Begnadigung und Erlösung des Schuldbeladenen bittet. Doch jede Seele findet einmal Erlösung und wird nach ihrer Buße in eine höhere Sphäre des Lichts gebracht, wo sie sich weiterentwickeln kann.

Werden Ehepaare oder Liebende durch den Tod getrennt und geht der hier verbliebene Partner eine neue Bindung ein, so gibt es beim Wiedersehen in der jenseitigen Welt keine Probleme oder Herzenskonflikte, denn jeder Mensch wird dort mit der einzig zu ihm passenden Seele vereinigt. Diese Verbindungen werden nicht dem Zufall überlassen, sondern durch Engel herbeigeführt, die die Schwingungsgrade und Empfindungswellen jeder Seele kennen, so daß jede Verbindung die vollständige, beide Menschen beglückende Ergänzung des persönlichen Seelenwertes bedeutet.

Freunde

Dies alles habe ich im Laufe der Jahre 1977/78 von den Engeln erfahren, noch ehe ich die Botschaften von Jesus erhielt. Nun aber will ich erzählen, wie sich mein Leben in diesem wunderbaren Geschehen, das ich anfangs noch vor meinen Mitmenschen verbergen mußte, weiterentwickelt hat.

Die erste Vertraute, die ich fand, war eine meiner Jugendfreundinnen aus dem Tegernseer Tal. Sie begriff die hohe Bedeutung des göttlichen Auftrags an mich und vermittelte mir ein Gespräch mit dem Domkapitular der Münchner Erzdiözese. Dieser sagte zu mir, nachdem er mich angehört hatte: »Sie sind eine Mystikerin. Der Kirche sind solche Begabungen nicht unbekannt.« In diesem Zusammenhang nannte er mir einige Namen, wie Hildegard von Bingen, Therese von Avila und andere, die mir damals noch unbekannt waren. Nach diesem Gespräch legte er mein erstes Manuskript — es waren noch nicht die großen Aussagen der Botschaften Jesu — einem Kreis von Theologen vor. Diese lehnten es jedoch ab, sich mit übersinnlichen Wahrnehmungen zu befassen.

Abgesehen von der schwesterlichen Teilnahme meiner Freundin, stand ich der ungeheuren Größe meines Geschehens immer noch allein gegenüber. Ich wußte, daß es mir so unmöglich sein würde, den Auftrag Gottes, ein Buch zu schreiben, zu erfüllen. Ich brauchte Menschen, denen ich mich anvertrauen konnte und die meinem Wunder nicht nur Verständnis, sondern auch echte Herzensbegeisterung entgegenbringen würden; ich brauchte Hilfe, Rat und Freundschaft. Im Frühjahr 1979 wandte ich mich in einem starken Gebet an die Dreieinige Gottheit mit der Bitte um Befreiung aus meiner seelischen Einsamkeit.

Sehr bald danach fügte sich eines zum andern, und ich lernte innerhalb weniger Wochen jene Menschen kennen, von denen mir jeder einzelne in seiner Weise wichtig und unentbehrlich wurde. Auch meine alten Freunde, denen ich mich nun anvertraute, erkannten die Größe der mir gegebenen Offenbarungen und boten mir jede nur mögliche Hilfe an. Sie alle erlebten das Wunder der direkten Übermittlung von Engelsaussagen durch mein mediales Schreiben. Das liebevolle Angesprochenwerden vom eigenen Schutzengel, der meine Hand ergriff und dessen Worte ich verstehen konnte, und sein Eingehen auf ganz persönliche Gedanken, Empfindungen und Erlebnisse (von denen ich nicht das geringste wußte), hat jeden, der es erlebte, zutiefst erschüttert.

Doch nicht nur die Worte der Schutzengel, sondern auch Rat und Hilfe von Sixtus konnte ich mir nahestehenden Menschen übermitteln.

So war ich nun endlich nicht mehr allein, sondern hatte mitschwingende, mitfühlende Herzen, denen ich alles Wunderbare, das ich erlebte, anvertrauen und jede der neu erhaltenen Botschaften vorlesen konnte.

Als ich im November 1979 zum ersten Mal alle meine Freunde gemeinsam eingeladen hatte, ergriff Usebius (der Schicksalsengel aus dem Sirius) plötzlich meine Hand und schrieb mir folgendes: »Stellt euch unter meinem Namen in den Dienst des Gottessohnes. Der Wahrheit heiliges Licht wird durch die Finsternis der Unwissenheit dringen. Seid stark im Glauben und laßt euch nicht beirren. Seht, die Erde ist bedroht. Aufbereitet ist der Helfer große Schar, ist das Heer der Engel, die das Ende dieser Menschheit, die sich aus Gottes Herz entriß, verhindern soll.

Seht, das Ende dieser Menschheit ist erschaut, ist aus sternenweiter Sicht erschaut, da der Herzen Leere sich erweist in milliardenfacher Zahl. Betende allein, die aus tiefster Seele sich dem erhabensten der Geister, Jesus Christus, schenken, sind bestimmt dazu, dem Untergang zu wehren. Untergang ist euch erschaubar aus der Sterne Anbereitung, doch ihr alle, die ihr Gott erkennt, steuert einem andern Ziel entgegen.

Heilige Hoffnung sendet auf zum Himmel! Sucht der Herzen einzelne zu gewinnen und zu stärkstem Fühlen zu entfachen. Einzelner bedarf der Gott. Hört des Himmelsboten Mahnung:

Scheint der Hoffnung Glanz euch zu erlöschen, gebt euch niemals der Verzweiflung hin! Stärkste Geisteskräfte stehen über euch, alle durch der Liebe Zauberband euch verbunden. Zu bezwingen sind des Unterganges Lenker. Zu bezwingen ist das Herrschende der Zahl durch der Minderheit Erleuchtung. Das, was ihr erfahren habt, gebt an einzelne nun weiter und erhebt euch aus der Niederung der Sorge zu des Herzens ewigem Heil. Schließt euch eng an jene Geisteskräfte Gottes an, die ihr kennt und deren Stärke ihr vermehrt durch der Liebe Strom.

Jesus sei in jeder Stunde euch erschaubar. Sucht die Einsamkeit zum innigsten Gebet, und der Erde wie des Himmels Heil wird für euch bereitet. O ihr wißt es nicht, wie stark des einzelnen Gebet zum Himmel dringt!«

Seit diesem Tage nannten wir uns »Freundeskreis Usebius«.

Nachdem ich den ersten Teil der Botschaften von Jesus vollständig erhalten hatte, beschlossen wir im Freundeskreis, diese Schriften in einer kleinen Auflage drucken zu lassen. Damals kam bei uns der Gedanke auf, ob es nicht ratsamer wäre, diese Botschaften als Engelsaussagen darzulegen, weil sie als persönliche Aussagen von Jesus angezweifelt oder für ganz unmöglich gehalten werden könnten. Hierauf erhielt ich in sehr energischer Handführung von Jesus die folgende Anweisung:

»Dieses Geschehen soll ohne Umbereitung den Menschen kundgetan werden. Jesus bin ich, und es bedarf keiner Interpretation meiner Worte. Strebt danach, den erhaltenen Schatz auserwählten Seelen als u n g e s c h l i f f e n e s J u w e l zu überreichen, denn ungeschliffen strahlt diese Gabe der Gottheit am reinsten. Große Seelen erfassen das Große, niedere Seelen verwerfen es. Schwächt nicht die Kraft meiner persönlichen Aussagen! Ich, Jesus Christus, bin es ganz, der zu euch spricht. Begreift es und seid glücklich darüber.«

Im März 1980 gaben wir unter dem Titel »Ich bin der Weg – Umkehr zum Glauben« den ersten Teil der Botschaften von Jesus zur Verbreitung im weiteren Freundeskreis heraus. Im Juli 1981 konnten wir ein zweites Bändchen folgen lassen.

Im Sommer 1980 bekam ich den Besuch eines Paters aus Rom, der meine Schriften gelesen hatte. Er zeigte großes Interesse an meinem Geschehen und besuchte mich im weiteren, sooft ihn sein Weg nach München führte. Nach dem Erscheinen des zweiten Teils der Schriften wies er mich darauf hin, daß der Begriff »Sterngötter« für die göttlichen Söhne, welche die Sterne verwalten, bei den Christen Verwirrung stiften könnte. Man könne diese kosmischen Kräfte »Sterngeister«, Sterngewalten« oder »Mächte« nennen, doch nicht

»Götter« im antiken Sinne, denn es gebe nur einen Gott: den Gott der Dreifaltigkeit.

Da ich nicht wagte, selbständig an den Botschaften etwas zu verändern, wandte ich mich an Maria und bat sie, als Schirmherrin der Kirche, um eine Erklärung zu dieser Frage. Sie gab mir die folgenden Worte:

»Jesus nennt diese Mächte bisweilen in brüderlicher Liebe »Sterngötter«, denn über den Zeiten stehen sie in göttlicher Hoheit. In der Sprache des Himmels heißen sie ‚Theobriden'. Sie sind kosmische Ordnungsgewalten, Reflektoren der Schwingungen des Heiligen Geistes, also des Geistes Gottes. Da du am Anfang stehst mit diesen Erkenntnissen, bemühe dich, dieses Wissen zu verbreiten, ohne die Ablehnung des Begriffs ‚Sterngötter' herauszufordern, indem du auch andere Benennungen gelten läßt. Es ist ein Geringes und stellt keine Berichtigung Jesu dar. Es sei nur ein Deuten, ein Erklären für christlich denkende Menschen, denn diese sollen nicht gestört werden im eingewachsenen Gefühl gegen den Begriff ‚Götter'. Wir wollen den Weg der Verbindlichkeit gehen.«

Hier muß ich nun einfügen, daß ich diese Marienbotschaft in meinem »Waldkapellchen« erhielt. Ich nenne eine kleine Waldeslichtung so, in der ein ehemaliges Feldkreuz steht. Zu diesem sehr schön gestalteten Kruzifix, das in einem neu aufgeforsteten Fichtenwald völlig verborgen steht und von den Menschen vergessen wurde, fand ich durch eine glückliche Fügung schon im Sommer 1978. Einige Birken umfrieden das Kreuz. Die verfallene kleine Bank davor habe ich mir wieder aufgerichtet. So ist dieses idyllische Fleckchen Erde, zu dem kein Pfad führt, für mich zur Stätte der Andacht und des Gebets geworden. Ich verstehe dort die Worte aus der jenseitigen

Welt besonders deutlich und klar, — ähnlich wie in manchen Kirchen und an Wallfahrtsorten.

Im August 1982 erhielt ich von dem schon erwähnten Geistlichen aus Rom einen ausführlichen Brief, in dem dieser seine Überzeugung darlegte, daß es keine Reinkarnation gebe. — Wieder wandte ich mich im Waldkapellchen an Maria, dieses Mal mit dem Bedenken, daß die Kirche sich möglicherweise sträuben könnte, als Wahrheit anzuerkennen, was Jesus mir eingegeben hat. Von Maria erhielt ich keine Antwort, doch Jesus selbst gab mir in Führung meiner Hand dazu die folgende Erklärung:

»Die Kirche sträubt sich nicht gegen den Segen der dir gegebenen Heilsoffenbarungen, sie sträubt sich nicht gegen den Reifungsvorgang der Seelen im Dunkel der Erziehungszonen. Erkoren wurdest du zur Übermittlung göttlicher Botschaften. Du wußtest nichts von den Grundsätzen der Kirche. Gottes Wille ist es nun, daß solches begriffen werde, wie du es erhalten hast.

Glücklich seien die Gottesdiener darüber, daß die Reinkarnation eingewoben ist im Saum der Ewigkeit! Gottes Geist beweist damit, daß alles Leben reift. Der Wandel der Einsichten zwingt nicht zur Entheiligung der alten Werte und Wahrheiten. Wie jede Pflanze nur in auf dem für sie geeigneten Boden wachsen und gedeihen kann, so gedeihen und wachsen auch der Menschen Seelen nur unter besonderen Lebensverhältnissen. Das heißt also, eine einzige Regelung wäre niemals ausreichend für alle Menschen dieser Erde.

Ich gab den Menschen die Erwartung des ewigen Lebens in Seligkeit. Ich lehrte aber, daß nur die Bindung an Mich den

Weg in diese Welt erschließt. Mit keinem Wort habe ich erklärt, daß jeder Mensch bedingungslos Einlaß findet ins Himmelreich, ohne daß der Wert und die Beschaffenheit seiner Seele geprüft wurden. Ich habe mit keinem einzigen Wort entschieden, daß a l l e Menschen dieser Erde ohne Reifung ihrer Seele in Gottes Reich aufgenommen werden. Ich habe nicht geäußert, daß es Sünde sei, an die Seelenrückführung zu glauben. Die Seelenrückführung unreifer Menschen gehörte zu den Geheimnissen, die ich zur Zeit meines Erdenlebens nicht entschleiert habe.«

Zu den Botschaften

Als ungeschliffenes Juwel übergebe ich nun die Botschaften von Jesus sowie die Marien- und Engelsaussagen der Öffentlichkeit. Ich bin mir dabei bewußt, nur ein Instrument zu sein, nur e i n Instrument in einem großen Orchester; doch nur im Zusammenklang a l l e r Instrumente ertönt die göttliche Symphonie in ihrer ganzen Fülle.

Alle Worte und Botschaften, die wir von Gott erhalten, wie auch die uns bei Visionen gegebenen Bilder sind wohl nur ein Hauch der Wirklichkeit, ein Hauch der ewigen Wahrheiten, den wir gerade noch zu ertragen vermögen.

In einem neuen katholischen Katechismus las ich: »Gott paßte sich in seiner Biblischen Offenbarung der Fassungskraft der Menschen an, er redete sie an, wie sie es verstehen konnten durch Taten, durch Ereignisse, durch Einsichten, die er in ihnen aufgehen ließ, und durch Worte, die er sie verkünden ließ.«

Und, so heißt es dort weiter: »Wenn Menschen bezeugen, daß Gott gesprochen hat, dann sollte man ihnen wenigstens zuhören.«*

Ich bezeuge, daß Jesus Christus zu mir gesprochen hat, so wie es meiner geistigen Fassungskraft entsprach, daß er mir Einsichten gab und Worte, die ich verkünden soll.

Was ich erfahren habe, steht nicht im Widerspruch zu den alten Lehren des Christentums, sondern erweitert nur das bisherige Wissen. Es werden uns derzeit neue Offenbarungen gegeben. Wenn wir uns nicht j e t z t an das Gestade einer festen Gottverbundenheit retten, werden wir untergehen. Jeder einzelne muß es begreifen, daß er hier eine tragende Rolle spielt, die über das irdische Leben unendlich weit hinausreicht.

Heerscharen von Engeln setzt Jesus jetzt ein, um uns vor dem Untergang zu bewahren und die Menschheit in ein glückliches neues Zeitalter der Reife und der hohen Kultur des Geistes zu führen. Öffnen wir uns diesen Himmelswesen, die uns nur lenken können, wenn wir Herz und Seele weiten!

Herz und Seele weiten sollen uns nun die Worte der Freude, die ich zum Osterfest 1982 von Jesus erhielt; mit ihnen sei die Folge der Botschaften eingeleitet:

Sagt es allen

Sagt es allen, die ihr liebt: Glück steht euch bevor, denn Jesus ist glücklich! Erkennt ihr den Silberstreifen am Horizont? Er

* Botschaft des Glaubens. Im Auftrag der Bischöfe von Augsburg und Essen, herausgegeben von Andreas Baur und Wilhelm Plöger, 1979.

bricht auf zur Zeitenwende. Seid zukunftsfroh, denn gewaltige Strahlungen werden aus kosmischen Sonnen zur Erde gelenkt.

O ihr Menschen, Arges habt ihr getan!
O ihr Gläubigen, Licht braucht diese Erde!
O ihr Betenden, Zeit ist es, daß ihr siegt!

Schart euch um mich! Des Lebens Bürde werft ab und begreift des Lebens Herrlichkeit.

Ohnmächtig sind die Geister der Zerstörung, wenn ihr euch Gottes Sohn anschließt. Die Geister der Zerstörung heißen: Wahnsinn, Geldgier, Haß und Neid. Sie wüteten jahrtausendelang, brachten Blut und Tränen, Qual und Elend über die Menschheit, brachen ein in die Räume des Allerheiligsten und entweihten den Namen der Kirche.

Geschmäht und verachtet haben Christen aller Völker das Gebot der Liebe, das Gebot der Barmherzigkeit, das Gebot der Ehrfurcht vor Gott und seiner Schöpfung, das Gebot der heiligen Wandlung, die sich in euch allen vollziehen sollte wie in Brot und Wein.

Grabt nicht nach den Särgen, in denen meine heiligsten Erwartungen zu Staub und Asche zerfielen. Gerichtet sind alle, die das Erbe des Bösen in ihrem Blut aufwallen ließen. Grabt nicht nach ihren Gebeinen, sucht nicht nach Zahl und Maß ihrer schrecklichen Handlungen. Schwach und belastet ist das Menschengeschlecht, und doch birgt es in sich den Keim des Göttlichen.

Glücklich sollt ihr sein, denn Wandlung bricht an. Im Diesseits der Gnade gewiß, sollt ihr im Jenseits des Lichts teilhaftig werden, das Gottes Liebe ausstrahlt über das ganze Universum. Auf blühenden Sternen sollt ihr euch weiterentwickeln. Des Erdenlebens Drangsal und Leid bedeute euch Gleichnis nur zu meinem Leben.

Den Gottesschmerz, den ich um euch durchlitt, vergesse ich, strömt mir aus abertausend Herzen heiligste Liebe zu! Mit dieser Liebe Kraft erhalte ich die Erde und lenke jetzt die ersten Strahlen einer neuen Zeit auf euch.

Allen Herzen schenkt sich Gott, in alle Seelen bricht er ein, damit sich stark und stolz ein neues Menschengeschlecht erhebe, das den Sumpf der Verderbnis bezwingt und in Ackerboden wandelt. Gottes Strahlungen werden im neuen Zeitalter mit noch nie dagewesener Kraft auf den Erdplaneten eindringen. Nun prüfe sich eine jede Seele und reinige sich, um als kristallklares Gefäß diese Strahlen zu empfangen.

Gewißheit sei euch dies: das Blatt der Geschichte wird gewendet, und weiß und rein wird eine neue Seite vor Gottes Augen aufgeschlagen.

Selig sind die früh Erwachenden, denn ihrer ist der göttliche Morgen, der sie in himmlischer Weihe betaut. O ihr Menschen, gesegnet seid mir, die ihr leuchtende Augen habt und strahlende Herzen! Gesegnet seid mir in Gottes unendlicher Liebe!

Jesus Christus

II. Teil

BOTSCHAFTEN VON JESUS

Zur Übermittlung göttlicher Aussagen

Die Menschheit wird am Ende dieser zweitausendjährigen Epoche, die in ein neues Zeitalter führt, sehr viele Einsagungen erhalten von Gott, Gottes Engeln und höchsten Geistern des Himmels, Einsagungen, die durch besonders begabte Empfänger übermittelt werden, aber auch Eingebungen durch Gedankenbeeinflussung, durch Erleuchtung, tiefe Erkenntnisse und Einsichten in Gottes heiligen Plan.

Aus allem, was begnadeten Menschen eingegeben wird, zieht die Summe. Scheint euch der Inhalt der verschiedenen Aussagen nicht immer übereinstimmend, so bedenkt, daß alle Übermittler der Liebe Gottes nur Instrumente sind, von denen ein jedes seinen besonderen Charakter hat und seine besondere Grundeinstimmung. Die ganz reine göttliche Aussage wäre nur durch einen Engel möglich. Dessen Stimme aber erhört ihr nicht.

Darum nehmt entgegen, was auserwählte Menschen euch übermitteln.

Wesensgleichheit

Meine Menschen, die ihr an der Wirklichkeit Gottes, die sich in Jesus Christus offenbart, zweifelt, hört meine Worte:

> Ich b i n Gott!
> Ich bin Gottes Seele,
> ich bin Gottes Gefühl,
> ich bin Gottes Wille
> und Gottes Wort.

Gelebt habe ich als Mensch
und als Mensch geliebt
und geschaut der Ewigkeit Sterne.
Als Mensch litt ich die Schmerzen des Leibes
und die Qualen der Schmach
und die Ängste der Gefahren, die mir drohten.
Als Mensch erschöpfte ich des Lebens Gehalt
bis zum Letzten.

Als Gott gebar mich
die erwählte, gebenedeite Frau,
deren Seele in allerhöchster
Reinheit erstrahlte.
Sie gebar den Sohn, der ihr entstanden war
durch die Liebesmacht des erhabensten Geistes,
durch die Liebesmacht des Gottes,
der sich in des Mannes Wesenheit
der Bereitung irdischen Lebens bezeugte
und das große Seelenwunder
der göttlichen Abstammung eingab
in die menschliche Natur.

So glaubten es die Geschlechter seit der Verbreitung der Evangelien. Doch die Menschheit der Gegenwart wähnt sich klüger, wähnt sich aufgeklärter und sträubt sich dagegen, das Gotteswesen des geborenen Menschen anzunehmen. Erhebt euch nun aus den Schatten der Unkenntnis in die Höhen des Lichts der göttlichen Wahrheit:

Jesus Christus ist Gottes Sohn,
Er ist Gottes Stimme,
die ihr erhören sollt.

Jesus Christus wirkt im Willen des Schöpfers,
in seinem Gefühl, in seinem Segen.
Er ist des Gottes Liebeskraft,
eingestimmt im Dreiklang der göttlichen Harmonie.

Wie der Terz wesensbestimmende Füllung
im Dreiklang der Musik, wirkt Jesus
im sphärischen Akkord der göttlichen Dreifaltigkeit
im Dreigestirn der Gottheit.

Als Einheit nur
erklingt der sphärische Akkord –
Einheit ist Gottesmacht.

Aufruf

Mein Ziel ist es, die Menschheit vor dem Untergang zu bewahren. Um das zu erreichen, brauche ich die Mitarbeit aller edlen Seelen. Ein gewaltiger Strom von Glaubenskraft muß über die ganze Erde fluten und aufsteigen in des Gottes ewige Sternenwelt.

Seht, ihr seid alle des Vaters Kinder. Niemand ist allein, niemand wähne sich einsam. Durch die Strahlen der Liebe seid ihr an Gott gebunden. Schmerz und Leid der Erde vergehen, doch des Heiligen Geistes Lebenskraft in euch vergeht niemals. Erkennt die Wahrheit dieser Aussagen. Begreift es, daß Gottes Menschensohn alle verlorenen, irrenden Geschwister wieder zum Vater führen will.

Ich suche euch, ich rufe euch, ich liebe euch!
Ausgebreitet sind meine Arme, kommt an mein Herz!

Seid gewiß, die Morgensonne sendet ihre ersten Strahlen. Ein neuer Tag beginnt in der Geschichte der Menschheit.

Stark ist die Kraft des Geistes. Der Betenden Worte sind Waffen gegen das Üble, Schlechte und Verdorbene auf dieser Erde! Freut euch, meine Menschen! Und einigt euch in dieser Freude!

Sagt es allen:

Jesus ist gekommen!
Er sendet Licht in eure Herzen
und Glück in euer Erdenleben.

Die Sterne wenden sich nun,
und niemand bange mehr um die Zukunft.
Mein Leben schenke ich euch nun zum zweiten Mal.

Doch nicht als Erdgeborener, als Gott gebe ich euch alles, was ich an Liebeskraft besitze. Tag und Nacht will ich wirken unter euch. Ein Heer von starken Engeln steht in meinem Dienst. Eine Woge von Liebe wird die Grenzen der Staaten überfluten. Kriege werden im kommenden Zeitalter geschichtliche Vergangenheit sein. Die Nationen werden sich friedlich über alle Streitfragen einigen. Die Gebildeten, Wissenden und Erkennenden aller Völker müssen sich mit ganzer Kraft für die Reinerhaltung und Ordnung der Erde einsetzen gegen die Interessen derer, die uneinsichtig sind. Die Politiker müssen die Warnungen der Wissenschaftler unbedingt ernst nehmen und für wichtiger erachten als alles andere.

Ich erreiche mein Ziel, doch erwarte ich eure Mitarbeit. Setzt alle Kraft des Geistes ein für die gute Tat, bindet eure Seelen an Gott und schenkt dem Sohn des Schöpfers die ganze Liebe eurer Herzen.

Gottes Staatsordnung

Gottes Staat ist geordnet nach den allerheiligsten Gesetzen. Göttliche Gerechtigkeit beherrscht die Staatsordnung. Denkt euch Gott als Herrscher über ein unendlich großes Reich; an seiner Seite der Sohn, der euch dieses berichtet; sonnengleich dahinter der Heilige Geist.

Es stehen, als höchste, erhabenste Staatslenker, die Erzengel bei Gott, deren euch einige bekannt sind, deren es aber noch viele andere gibt, die im All große Aufgaben zu erfüllen haben. Ihnen untergeordnet haben wir das Heer der Sterngötter, der Sterngebieter also. Auch diese sind Engel. Sie sind unterteilt in kosmisch wirkende und erdbezogene Mächte. Letztere werden auch Schicksalsengel genannt. Ein jeder der kosmischen Sterngebieter beherrscht eine Galaxie, deren es Milliarden gibt.

Die Schicksalsengel haben andere Aufgaben. Sie sind für die Erziehung der Menschen eingesetzt und wirken von den Sternen im Umkreis der Erde auf euch ein, nach den Gesetzen einer Gerechtigkeit, die ihr nicht ermessen könnt.

Ein starker Strom verbindet alle ermächtigten Geister des Himmels mit Gott dem Herrn, dessen Wille das ganze All beherrscht.

Neben den Gebietern der Sterne, die von großer Eigenständigkeit sind, stehen in gleicher Höhe die Scharen der Engel, die zu Gott in völliger Einheitsbeziehung stehen. Sein Gefühl ist ihr Gefühl. Sie sind in den verschiedensten Aufgabengebieten tätig, im Bereich des jenseitigen Lebens wie auch auf der Erde.

Hier wirken sie als Schutzengel. Sie stärken euch und geben euch Gedanken ein. Sie betreuen euch und beschirmen euch vor schlechten Strömungen. Doch schicksalsgewaltig sind sie nicht.

Herrlich steht im Gotteslicht die Himmelskönigin Maria. Ihre Macht ist groß. Ein ganzer Sternenbereich gehört ihr an, von welchem aus sie auf die Menschen einwirkt, die zu ihr beten. Ihr sind alle Heiligen unterstellt. Diese sind ermächtigt, den Betenden zu helfen, die reinen Herzens sind. Doch auch Maria mit allen Seelen, die um sie geschart sind, ist nicht befugt, in jedes Schicksal einzugreifen. Auch sie steht unter den hohen Gesetzen der ewigen Schicksalslenker. Sind die Voraussetzungen erfüllt, die Bedingung waren, dann aber kann Maria in ihrer unendlichen Liebe und Güte den Bittenden helfen.

Den Sternengebietern ist es möglich, ein vorgeplantes Schicksal abzuändern. Sie sind die euch ständig beobachtenden Erbauer eures Erdendaseins. Besteht ihr die Prüfungen dieser Schicksalsengel, ändern sie schwere Einstrahlungen in glückliche Erleichterung.

Zeit ist es nun, daß ihr sie kennenlernt, denn ihr sollt den Weg durch dieses kurze, aber so unendlich wichtige Erdendasein im Zeitalter der kommenden Jahrhunderte in ehrfürchtiger Verbundenheit mit diesen allerstärksten Gottesermächtigten gehen.

Drei Sonnen im All

Heilige Wogen des Lichts durchfluten den Kosmos. Sie entstehen im Einheitsgestirn der dreifaltigen Gottheit. Dieses Einheitsgestirn besteht aus drei Sonnen, deren jede für das All von ungeheurer Bedeutung ist. Als ich, Jesus Christus, da ich mich als Mensch geopfert und so die Macht der Liebe bewiesen hatte, aufstieg aus dem Menschenleben, entstand die dritte dieser Sonnen, durch deren gewaltigen Lichtzuwachs in der sphärischen Welt die Mächte der Finsternis zur Flucht aus dem Kosmos gezwungen wurden.

Durch diese Erleuchtung des ganzen Kosmos errang Gott die Alleinherrschaft über das Reich der Ewigkeit, das er durch die Stürme des Chaos zur Ordnung der Entwicklung gelenkt hatte. In jener Zeit setzte Gott für jede Galaxie einen Sterngebieter ein zur Festigung seiner Macht.

Wie alle Engel des Ewigen, sind diese Fürsten der Gestirnansammlungen durchflutet vom Geist und vom Willen Gottes. Da sie entstanden sind aus des Heiligen Geistes Seele, sind sie ein Gefühl mit der Gottheit und daher bis in alle Ewigkeit zusammengehörig mit dieser. Nach den göttlichen Lebensgesetzen ist es dadurch völlig unmöglich geworden, daß sich im Kosmos jemals wieder Geister des Widerstandes entwickeln können. Der Kosmos ist auferstanden aus der Dunkelheit ins Licht, als ich, Jesus Christus, auferstand. Gottes Dreigestirn leuchtet über der Unendlichkeit des Weltenalls. Es strahlt in die Ewigkeit hinein. Es kann niemals vergehen.

Sphären

Die Welt Gottes ist eingeteilt in verschiedene Daseinsgebiete. Ihr, auf diesem kleinen Planeten, kennt nur das Leben der Erde und der Erdenschwere, ihr könnt euch ein geistiges Sein kaum vorstellen. Es wird aber nicht mehr lange dauern, bis eure Naturforscher errechnet haben werden, daß es eine Seinswelt gibt, die ihr mit euren Augen nicht sehen und mit euren stärksten Gläsern nicht erlichten könnt, weder im Kosmos noch auf der Erde. In diesen Seinsbereich gehen alle Seelen ein, die die Leibeshülle abgestoßen haben.

Die Welt des geistigen Seins ist genauso von Gott erschaffen wie die Welt der Schwere, also dem gleichen Geist entsprungen. Daher sind beide Schöpfungen einander ähnlich. Nichts ist zufällig entstanden. Denkt euch die Welt der Leichtmaterie spiegelbildlich mit der Welt der Materie übereinstimmend. Eure Verstorbenen leben genauso wirklichkeitsgebunden weiter wie ihr, die ihr noch inkarniert seid.

Es ist ein großer Irrtum, wenn ihr euch das Seelenleben als ein Dasein in traumhafter Verzückung oder als ein großes Nirvana vorstellt, in dem die Geister versinken wie in einem Meer des seligen Gefühls. Die alte Schau in das Paradies ist genauso berichtigungsbedürftig wie die alte Schau in die Hölle.

Das Paradies, in dem die guten Seelen mit nichts anderem als Glücklichsein beschäftigt sind, gibt es ebensowenig wie die Hölle, in der die bösen Seelen in einem flammenden Inferno ewig von grausamen Teufeln gequält werden. Die Menschheit ist jetzt eine ganze Entwicklungsstufe höher, als sie es noch vor einigen Jahrhunderten war. Sie ist im großen besehen nicht mehr so kindlich, ist also reifer geworden. Darum soll nun auf dem Gebiet des Erkennens der geistigen Welt eine Aufklärung erfolgen.

Es sei euch im Verlauf dieser Aufzeichnungen erzählt, wie es in Gottes blühenden Seelenwelten wirklich aussieht und wie dort gelebt wird. Doch zunächst zu den Sphären.

Die Erde wird umringt von Sphärenkreisen, die sehr weit voneinander entfernt liegen. Entfernungen im All zählen im überirdischen Dasein nicht. Die kosmischen Planeten sind der Erde im Grundaufbau vergleichbar. In den erdnäheren Sphären liegen die Planeten der Schattenwelt, also die Zonen der Bestrafung, wie auch die Planeten der Läuterung und Seelenreinigung. Wir haben für die verschiedenen Arten der menschlichen Schwächen und Fehler besondere Erziehungsbereiche.

Als höchstes Glück wird von allen Seelen angestrebt, auf einen der gottnahen Sterne gebracht zu werden. Wir kennen kein »oben« und »unten«, aber in jener von der Erde entferntesten Sphäre ist Gottes Glanz am stärksten, sie wird die »höchste Sphäre« genannt. Hier ist das Reich der Seligen.

Urbilder des Menschen

In euren alten Schriften lest ihr von Adam und Eva und dem Paradies auf Erden. Auf der Erde ist das Leben immer hart, schwer und grausam gewesen seit Anbeginn. Doch die alten Empfänger der göttlichen Offenbarungen haben das große Erbe der Erinnerung aufgenommen, der Erinnerung Gottes an eine selige Welt, an einen Garten Eden, den er im Abglanz dieser Erde gestaltet hatte.

Es ist dereinst geschehen, daß Gott einen Mann und ein Weib erschuf und zum Leben erweckte: Adam und Eva. Diese Urbilder des Menschen lebten aber nicht auf dieser Erde wie ihr, sondern in einer sphärischen, geistigen Welt. Ein Plan des Lebens war für Gott das Paradies mit allen Geschöpfen.

Danach begann er mit der Erbauung der irdischen Welt und ging den weiten Weg durch die Enttäuschungen von Jahrmillionen mit den Hoffnungen einer Ewigkeit.

Für die Entwicklung des sogenannten homo sapiens verwendete Gott Seelensubstanz aus des Heiligen Geistes Sternenstrom, angereichert mit Seelensubstanz aus hochentwickelten Tieren. Daß auch aus hochentwickelten Tieren Menschenseelen gestaltet wurden, ist in anderen Religionen bekannt. Gott steht über allen Religionen.

Überall wirkt Gottes Geist.

Weltreligionen und Christentum

Gottes Wunsch ist es, daß die Menschen der Erde alle an die Evangelien glauben sollen, doch auch in den andern Weltreligionen blickten die Gläubigen in die Geheimnisse der Schöpfung. Wieviel Schönes findet ihr in Buddhas Lehre! Auch die große Religion des Islam ist für Gott eine starke Kraftquelle. Die Gläubigen dieser Gemeinschaft sind gottergeben und demütig, sie sind den Einstrahlungen des Himmels gegenüber aufgeschlossen. Alle großen Erkennenden, alle göttlich begnadeten Seher und Propheten haben besondere Einblicke gehabt in die jenseitige Welt. Dabei ist es nicht möglich gewesen, dem einzelnen die ganze Wahrheit zu offenbaren.

Es ist nun an der Zeit, daß die Gläubigen der Erde sich vereinigen, um das große Wahre, das sie alle in ihren Religionen verkünden, zusammenzuführen in eine Liebesreligion.

Ganz sinnlos ist es, wenn sich die Eingeweihten über geringe Unterschiede ihrer Religionsauffassungen streiten. Ein jeder achte die Anschauung des andern, der auf seine Art zu Gott betet, auf seine Weise die Gebote der Menschlichkeit erfüllt. Niemand gebe sich dem Glauben hin, er sei wissender, besser, eingeweihter als die andern.

Alle Zeiten der Menschheitsgeschichte hatten ihre hohen Kulturen, alle Kulturen ihren Götterglauben, und immer ist Gott oben gewesen, der erhabenste Geist, und hat auf seine Schöpfung geblickt und auf seine Menschen eingewirkt, so gut es mit den Strömungen des Himmels nur möglich war.

Daß dieses Erdendasein nicht der Sinn des Lebens ist, haben alle großen Geister erkannt. Auch ist es ein Allgemeingut der Erfahrung, daß Seelen auferstehen und nicht im Erdenleibe bleiben. Die alten Religionsstifter und -erhalter haben ihre Aufgaben sehr ernst genommen und die Erziehung ihrer Zeitgenossen als große Notwendigkeit erachtet. Mit dem Wissen um das Fortleben der Seelen verband man den Wunsch, die Menschen in ihrem irdischen Dasein zu verbessern.

Nun strebe man danach, die Gleichheitserkenntnisse der Religionen zu festigen und geringe Abweichungen auszugleichen. Die aus Jahrhunderten ererbte Überheblichkeit der einzelnen wie der Gemeinschaften über diejenigen, die andersgläubig sind, ist abzulegen.

Diese Aufzeichnungen sollen euch bestätigen in den Glaubenserkenntnissen, die ihr bewahrt habt, sie sollen euch aber auch starke Gebote auferlegen.

Ihr alle, die ihr euch Christen nennt, sollt es als eure gemeinsame Pflicht betrachten, den guten Weg zur Einigung zu finden, zur Einigung eurer getrennten Religionsgruppen. Macht euch frei von Ehrgeiz und Rechthaberei, wenn es um Gott geht. Sucht das Gespräch miteinander. Stellt aus den wesentlichen Erkenntnissen und Grundsätzen der Heiligen Schriften eine Lehre auf, die gültig ist für alle Gläubigen.

Fünf Gebote dieser Zeit

Erfüllt meinen größten Wunsch und erachtet ihn als mein e r s t e s Gebot dieser Zeit: EINIGT EUCH! Gründet eine Liga des Christentums und strebt dann eine Union der Weltreligionen an. Sehr stark ist der Strom der Liebe, der Gott aus den nicht-christlichen Religionsbereichen zufließt. Jene Andersgläubigen sollen das große, erhabene Gebäude der Liebe zu Gott weiterhin auf festen Mauern tragen, sie sollen aber erkennen, daß der Sohn Gottes auf Erden war, um alle Menschen zu erlösen, um sie aus dem Kreislauf der Wiedergeburt zu befreien und ihnen den Weg in ein seliges Leben in Gottes herrlicher Welt zu erschließen.

Keine der Erbengemeinden der Schriftgelehrten und der gerechten Schauenden ist abgesichert vor dem Schlangenbiß der Zeit. Die einst gefestigten Religionen der Menschheit sind ins Wanken geraten und werden sehr bald einstürzen, wenn nichts dagegen unternommen wird. Am gefährdetsten sind die Christen. Islam und Buddhismus haben getreuere Anhänger.

Die christliche Religion beginnt, weite Gebiete zu verlieren. Man hängt noch ein wenig an den alten Gebräuchen, doch ohne an die tiefen Wahrheiten zu glauben, die diese Religion enthält. Man wagt es aus äußerlichen Gründen nicht, sich ganz zu lösen, und gehört doch innerlich zu den Abgefallenen. Der festen, der sicheren Geborgenheit in Gottes Liebe sind sich nur noch wenige bewußt. Man erstrebt nichts anderes als das irdische Wohl, jagt nach Besitz, Reichtum und Luxus, sucht so gesichert wie nur möglich zu leben und sieht dabei nur dieses kleine, kurze Erdendasein als »Leben« an.

Niemals lebte die Menschheit derart auf sich allein gestellt wie in diesem Jahrhundert. Sie ist ein ungezogenes Kind geworden im Stadium der Pubertät, sie will sich von Gott lösen, wie Jugendliche sich aus der Aufsicht ihrer Eltern lösen wollen. Sie glaubt, gescheiter zu sein als je zuvor, und rennt dabei geradeaus ins Unglück.

Gott aber ist ein starker, gestrenger Vater, der das nicht zuläßt. Sein Wille wird eine Änderung erzwingen, und das geliebte Sorgenkind wird wieder in die Gemeinschaft der Gesamtfamilie zurückgerufen.

Ihr Menschen sollt wissen, daß ihr einer großen göttlichen Familie angehört! Das oberste Haupt der Familie ist Gott, der große Herr des Weltalls. Er strahlt wie eine Sonne seine Liebe aus auf alles Leben. An seiner Seite steht der Sohn, der euch als erster einst von Gottes väterlicher Liebe sprach. Er ist für alle Menschen da, in dieser wie in jener Daseinsform. Denkt ihn als euren großen, heiligen Bruder.

Als Mutter gab euch Gott Maria. Und alle Sterngötter, alle Engel sollt ihr als hohe Anverwandte betrachten. Anverwandt durch jenes Band der Liebe, das, ausgehend von Gott, alle Seelen aneinander bindet.

Strenge Sitten und Gebräuche herrschen in dieser Gesamtfamilie. Ihr, die ihr des Gottes Erdenkinder seid, müßt allen hohen Gottesangehörigen gegenüber tiefste Demut empfinden und zeigen. Auch in Gebärden soll diese Demut und Hochachtung zum Ausdruck kommen.

So sei nun mein z w e i t e s Gebot: SEID DEMÜTIG!

Erfahrt nun das d r i t t e Gebot: SEID STARK IM GLAUBEN AN DAS GUTE IM MENSCHEN!

Es ist nicht richtig, wenn ihr die Hoffnung auf eine Besserung des Menschengeschlechts aufgebt. Menschen, die sich in seelischer Entwicklung befinden, sind durch den Einfluß der gereiften und edlen Seelen so zu bessern, daß sie gegen die ihnen innewohnende Schwäche oder Schlechtigkeit angehen können und das Göttliche in ihren Seelen zu keimen beginnt. Es liegt in j e d e m Menschen des Heiligen Geistes Gabe. Gebt niemals einen Menschen verloren, solange er noch lebt. Ein jeder hat auf Erden die Möglichkeit, zu Gott zu finden. Er wird nicht aufgegeben. Selbst die größten Verbrecher haben, so sie noch hier weilen, eine Erhellung ihrer entarteten Seelen zu erhoffen. Doch gelingt es ihnen meistens nicht allein. Sie brauchen den Zuspruch und die Einwirkung edler Menschen.

Den Gewalttaten der Menschheit soll Einhalt geboten werden. Das größte Verbrechen der Gegenwart ist der Besitz der grauenhaften Vernichtungswaffen, die in Ost und West gehortet werden. Derartige Waffen dürfen nicht bestehen. Sie müssen beseitigt werden.

Gegen die Grausamkeit wird aus den Herzen der edlen Menschen ein großer Ansturm der Empörung hervorbrechen. So sei nun mein viertes Gebot: DULDET NIEMALS IN EUREM GESICHTSKREIS GRAUSAMKEIT, ROHHEIT, GEWALT und schmerzbereitende Behandlung des Stärkeren dem Schwächeren gegenüber! Geht durch euer Leben mit offenen Augen und setzt euch mit aller Kraft gegen jede Entgleisung des menschlichen Gefühls ein. Seht es als oberste Pflicht an, als Beschützer zu wirken.

Es geschehen in den pharmazeutischen Laboratorien der Gegenwart Verbrechen durch grausame Experimente an lebenden Geschöpfen. Die Bereitung von Qual ist durch nichts zu entschuldigen! Derjenige, der den Auftrag dazu gibt, erwarte ebenso wie derjenige, der ihn ausführt, seine Bestrafung nach den Gesetzen der göttlichen Gerechtigkeit. Erkennt, daß diese Methoden der Forschung der menschlichen Gesundheit nur Geringes bringen. Viel bessere Mittel zur Heilung bietet die Natur und die geistige Bindung an göttliche Kräfte.

So nehmt es als mein fünftes Gebot: SETZT DIE MENSCHLICHKEIT VOR ALLE ANDEREN ERDGEBUNDENEN INTERESSEN! Alle Interessen! Das heißt also, daß ihr euch über die Schatten eurer irdisch verhafteten Seele hinwegsetzen müßt. Lernt es, den Mammon zu verachten. Ein jeder lebe gut und der Gesellschaft angemessen, der er zugehört, doch seid keine Sklaven des Geldes. Was ihr in diesem Leben nicht erreicht, erhaltet ihr nach eurem Erdentod.

Lebt ihr hier im Glanz der Seelenreinheit, so werdet ihr der Engel Liebe erfahren. Sie sprechen zu euch, sie geben euch Gedanken ein, sie helfen euch, und sie verbessern euer irdisches Leben. Geht mit diesen göttlichen Gefährten durch euer Erdenschicksal. Lernt es, ihre Stimme zu hören: die Sprache der Eingebung. Lebt in ihrer Geborgenheit und lebt für das wahre Leben in Gottes Welt.

Die Erde als seelenbildender Planet

Die Erde ist besonderen kosmischen Einstrahlungen ausgesetzt. Als einziger Planet im ganzen Kosmos ist sie dazu ausersehen, die Menschenseelen der Unsterblichkeit zu entwickeln. Die Gestirne, die in der sichtbaren Nähe der Erde angesiedelt sind, haben alle Einfluß auf diesen Planeten, der in Sonnennähe weilt und durch seine geologische Beschaffenheit das große Erblühen des Lebens ermöglichte. Die Einstrahlungen auf die Erde kommen aus Strömen, die den ganzen Kosmos durchfließen. Sie erfahren ihre Abstrahlung durch die Gestirne, die die Erde umgeben. Die Erde ist ein geringer, kleiner, aber unendlich bedeutender Stern im All. Sie gibt dem Kosmos die Gaben der Seelen und die Gaben der blühenden Lebensbereitung. Auf ihr wird durch Gottes Kraft, durch seinen Geist und seinen Willen das Leben entwickelt, das in allerhöchster Vollendung dann in geistiger Form weiterbesteht. Darum darf dieses Gestirn nicht untergehen.

Die göttlichen Gebieter, die auf den euch umgebenden Sternen beheimatet sind, aber brauchen die Glaubenskraft der Menschen, um Gutes zu bewirken, die Gebundenheit der inkarnierten Seelen an den Schöpfer, an Gott den Herrn. Sie sind weniger stark, wenn die Menschheit in selbständiger Weise zu leben versucht und die Wahrnehmung der Götter, also der gleichermaßen gottesbeauftragten Engel der Sterne, die diese sind, verloren hat. Das ist in diesem Jahrhundert geschehen. Ein großer Teil der Menschheit lebt ohne starke Glaubensbindung, und diejenigen, die glauben, sind gesteuert von der Engstirnigkeit der jeweiligen Religionsgemeinschaft, der sie angehören.

Es ist im Geschehen der Zeit als heiligste Pflicht anzusehen, die Gebote der Nächstenliebe zu erfüllen und sie in einer Gotteserkenntnis auf allerhöchster Ebene auch auf diejenigen, die andersgläubig sind, anzuwenden. Sehr schwere Sünden werden begangen durch den Hochmut der Religionsangehörigen.
Christ sein, heißt als allererstes: Gott lieben. Ganz genauso ist es in den anderen Weltreligionen: das allerheiligste Gebot ist die Liebe zu Gott. Es ist unfaßbar, daß Menschen, die Anspruch auf Religiosität erheben, Andersgläubige in abscheulichster Weise beschimpfen und bekämpfen.

Gott und Allah sind e i n Geist. Und wie benehmen sich die schlechten Gläubigen gegeneinander! Sie führen den heiligsten Namen im Munde und begehen die schrecklichsten Gewalttaten. Ein Gericht erwartet diese, wie sie es sich nicht vorstellen können.

> Alle Menschen sind Geschwister. Alle Menschen
> entstanden durch die lebensgestaltende Liebe
> des einen, großen, herrlichen Gottes, der den
> ganzen Kosmos beherrscht.

Alle leben auf dieser kleinen Erde wie auf ein Schiff gebannt, aus dem es kein Entfliehen gibt. Geht dieses Schiff unter, sind alle verloren. Geschähe dieses, wäre euch auch das Glück des ewigen Lebens beschattet durch den Schmerz Gottes über den Untergang der Erde, den ihr verursacht hättet. Bereinigen müßt ihr daher als erstes eure Seelen. Die Sterne werden dann das Unheil bannen, und eure Gehirne werden erleuchtet durch die Gedanken der Engel, die darin eindringen. Ihr werdet dann beschützt vor Torheit und vor gefährlichen Gedankengängen. Wege werden euch gedeutet zur Bestanderhaltung des menschlichen Geschlechts, das Gott nicht aussterben lassen wird, so ihr euch an ihn bindet.

In den verschiedensten Lebensbereichen wird euch Beschränkung auferlegt. Die Wohlstandsgesellschaft der Industriestaaten muß zur Bescheidenheit zurückkehren. Mit der Bereinigung der Erde muß sofort in allergrößter Gründlichkeit begonnen werden. Eine globale Einschränkung der Geburten ist notwendig, denn die Erde ist zu eng geworden für euch. Eng, ausgelaugt und krank ist dieser kleine Planet, den ihr zu neuem Erblühen bringen sollt für ein kommendes Menschengeschlecht von höchster Reife.

Alles, was geschehen muß zur Erhaltung der Erde, wird euch eingegeben. Voraussetzung dafür ist der Sternenglanz der Liebe, den ihr offenen Herzens empfangen müßt. Alle könnt ihr aufsteigen den steilen Grat zum Glück der Erleuchtung. Gehet mit Gott, meine gefährdeten Menschen, und alles wird gut!

Reinkarnation

Die Erde ist der Baum, an dem die Früchte des Lebens heranreifen, die in sich die Kerne tragen, aus denen in Gottes Welt neues Leben erblüht. Eure irdischen Körper sind nur die Hüllen eurer Seelen. Wird so eine Hülle krank und der Kern bleibt gesund, so ist das ein vorübergehendes Leiden; wird aber der Kern krank, so ist die Frucht verloren, und es muß der Baum des Lebens eine neue hervorbringen, am gleichen Zweig, die einen wertvollen Kern in sich trägt. So ist es mit der Reinkarnation.

Doch nicht nur die kranken Früchte, sondern auch jene, die unreif zu Boden fallen, zählen nicht und müssen erneuert werden. Aber ihr alle könnt eingehen in Gottes Reich, ohne nochmals auf Erden leben zu müssen. Die beste Absicherung gegen die Wiedergeburt ist eine tiefe, seelische Bindung an Jesus Christus. Richtet euch nach den Lehren des Christentums; es gibt keine bessere Religion für euch.

Ihr, die ihr abgefallen seid von der großen Gemeinde der Kirche, findet den Weg zu ihr zurück. Schließt euch wieder an eure Schwestern und Brüder an, die im Glauben vereinigt sind. Es ist besser, als allein zu stehen. In dieser solennen Art der Gemeinschaft seid ihr stärker als als Einzelgänger.

Seid ihr jedoch nicht geneigt, euch einer der christlichen Gemeinschaften anzuschließen, und sucht ihr den Weg zu Gott lieber allein, so geht in den sternglühenden Nächten, da des Himmels Glanz am stärksten ist, und schenkt eurem Schöpfer geheime Gebete. Geht auf der Berge steinige Pfade, in der Wälder Einsamkeit, in die Stille der Natur und weihet eure Seelen glanzerfüllt dem Gott der Liebe.

Über Gott

Ihr Menschen, die ihr euch an Gott wendet in euren Gebeten, sollt euch auch eine Vorstellung von seiner Erscheinung machen können.

Es steht in der Bibel, daß Gott den Menschen nach seinem Ebenbild erschuf, daher wißt ihr, daß Gottes Erscheinung menschlich ist. Gott also hat die Gestalt und das Antlitz eines Menschen. Er ist ein persönlicher Gott, und eure pantheistischen Vorstellungen beruhen auf Irrtümern.

Sein Aussehen ist absolute Erhabenheit, Schönheit, Herrlichkeit — menschlich und doch jedem Vergleich mit Irdisch-Menschlichem weit entrückt. Sein Antlitz ist strahlende Liebe, heilige Liebe, aller Liebe Urgrund und ewiger Ausgang, ewiger Lebensstrom des Geistes. In seiner Stirn liegt aufs engste eingestaut die Energie des ganzen Kosmos, die Energie des Lebens alles Seienden. Die ewige Herrlichkeit des Lebens liegt in seinem Antlitz. In seinen Augen aber liegt, bedeckt von Schleiern ewiger Hoffnung und Erwartung, noch das Grauen einer Schöpfungszeit, darin des Chaos Widerstände tobten. Erlöschen wird dies allerschwerste Leid, dies Leid aus abertausend Leiden, das Gott in seiner Seele trägt, erst, wenn des Schöpfers höchste Erwartung sich erfüllt und aller Seelen Reinheit ihm Glück und Frieden schenken. Ein schwerer Schatten liegt noch auf der Erde, ein ausgeströmtes Böses ist noch nicht gelöscht, ein Erbe aus den Stürmen der Bereitung liegt noch in vieler Menschen Seelen, die sich dem Strom des Heiligen Geistes verschließen — ein Hauch, ein Gleitendes, das sich sofort verliert, wenn sich die Menschen in ihren Herzen Gott zuwenden, wenn sie begreifen, daß sie diese allerheiligste Bindung an den Schöpfer abschirmt gegen alles Schlechte dieser Erde. Ein starkes Band der Liebe geht von Gott in jedes Menschenherz. Ein Strom ist es, der nicht versiegt, durch den der Schlechteste sogar sich wieder aus den Entgleisungen des Lebens aufrichten kann, solange sein Herz noch schlägt. Verloren ist niemand, doch der Strafe und Buße entgeht kein Sünder dieser Erde.

Zu eurem Gott blickt auf, ihr Menschen! Sein Wesen ist es, das den Himmel erblühen läßt, sein herrliches Herz sei eure tägliche Zuflucht. Seht, er ist wie ein Mensch in seinem Fühlen. Er hat sich des Menschen Größe erwählt nach seiner Gestalt. In dieser Größe eines hochgewachsenen Mannes lebt Gott, lebe ich, Jesus Christus, leben alle Engel und alle Seligen.

Die Größenverhältnisse des Kosmos zur menschlichen Größe Gottes sind ohne jede Bedeutung, ebenso wie die Entfernungen des Alls für Gott keine Entfernungen sind. Sein Geist durchflutet den ganzen Kosmos, und in Gedankenschnelle ist Gott an jedem Ort seines unendlichen Sternenreichs. Dies zu begreifen, wird euch nicht möglich sein. So begreift es nun, daß Gott wie ein Mensch fühlt. Er fühlt Glück und Freude, Schmerz und Leid, Enttäuschung und Hoffnung, und er fühlt Sehnsucht. Ja, sein Herz sehnt sich immer nach den Gebeten eurer Liebe. Ihr alle, die ihr von Gott geliebt werdet, laßt keinen Tag vergehen, ohne an ihn zu denken, ohne ihm ein Gebet aus der Tiefe eures Herzens zuzusenden. Betet zu ihm in Freud und Leid und denkt immer, daß dieses Erdenleben nichts anderes ist als die Vorbereitung auf das glückselige Dasein in der jenseitigen Welt. Nur darum lebt ihr hier, um ausgereift zu werden für das wirkliche Leben.

Gedanken und Gebete

Es gibt im All Sterne, die nur dazu geschaffen sind, die Gedanken der Menschen aufzunehmen. Diese Sterne sind Gehirne allerhöchster Bauart. Gottes Geist erfand sie. Sie sind dazu da, die Alltagsgedanken des Geschöpfes Mensch aufzunehmen. Die Gedanken sind ein Zeugnis eurer Seele. Sie formt die Empfindungen in Worte. Eure Sprache ist euch geschenkt, damit ihr euch durch sie das Bewußtsein erleuchtet. So sprecht ihr nicht nur, um euch einander verständlich zu machen, sondern ihr sprecht auch den ganzen Tag hindurch zu euch selbst. All eure Gefühle setzt ihr in Worte um. Hohe Engel hat Gott damit beauftragt, die Selbstgespräche eures Denkens auszuwerten. Eure Seelen sollen dereinst des Heiligen Geistes großen Erwartungen gewachsen sein, seinen Forderungen nach Reinheit genügen und dadurch des ewigen Lebens Seligkeit erhalten.

So ist es geordnet durch Gottes Willen, daß das menschliche Gedankengut aufgenommen und danach der Wert der einzelnen Seelen berechnet, geprüft und gerichtet wird. Eine Sterngerechtigkeit widerfährt euch, die im Glanz des Heiligen Geistes strahlt.

Eine Strömung anderer Art als die Gedankenströmung des Alltags ist das Gebet. Dieses ist zu denken wie ein Ferngespräch. Alle jene Menschen, die gelernt haben zu beten, wissen um die Stärkung dieser Gedankenströmung zu Gott. Ein anderes ist es mit jenen unter euch, die ganz ohne Glauben leben. Eine Gottheit, an deren persönliche Existenz man nicht glaubt, deren Dasein man für unmöglich hält, kann man auch nicht in Gebeten ansprechen.

Nun aber will ich jene zurückgewinnen, die sich abwandten von mir. Seid aus eurer Erstarrung erlöst! Geht den steinigen Weg durch dieses Erdenleben nicht länger allein, schenkt dem Sohn des Gottes, der euch alle liebt, die Glut eurer Herzen!

Es ist so einfach zu beten! Ein Strom entsteht im Augenblick, da ihr euch eines starken Gedankens bereitet. Er entsteht in eurem Gehirn, und Sternenströme leiten ihn direkt zur Gottheit, direkt zu jener göttlichen Geisteskraft, die ihr anruft. Also: Eure Gebete werden anders aufgenommen als alle Gedanken, die das Erdenleben betreffen. Eure Gebete gehen ein in einen heiligen Gral, darin sie bewahrt werden. Der Glanz der Gnade ist allen Betenden gewiß.

O sprecht nicht von den unerfüllten Bitten, die ihr zum Himmel sandtet. Seht ein, daß die großen Schicksalsentscheidungen nicht immer abzuändern sind nach euren Wünschen. Seid demütig, dem Schöpfer ergeben, aber erkennt auch, daß sehr vieles geschehen kann für euch durch die große Macht der Liebe, durch die starke Kraft des Gebets.

Die Beschaffenheit der Seele

Die Menschen dieses Jahrhunderts sind nahe daran, den geheimnisvollen Bestand der Seele zu erforschen. Es gelingt ihnen, auf technisch-fotografischem Wege eine Scheinform sichtbar zu machen, die alles Leben umhüllt. Sie bemühen sich, die Beziehungen zwischen Geist und Materie aufzudecken. Aber alle Suchenden, die die Natur ergründen wollen, ohne zu begreifen, daß diese nichts anderes ist als Gottes Werk, gehen den falschen Weg. Erbeuten sie sich eine Erkenntnis, so stehen sie betroffen vor neuen Rätseln ihrer Entdeckung — gleichermaßen bereichert wie beraubt.

Die Natur mit den Mitteln der Technik und mit dem Verstand allein zu erforschen, gelingt euch niemals. Eines nur bringt euch vorwärts: die Bindung an Gott. Wieviele Irrwege werden von euch eingeschlagen! Erforscht die Geheimnisse der Schöpfung nicht länger durch grausame Experimente!

Tiere sind keine Gegenstände, und ihr dürft sie nicht gegen jedes Gebot der Menschlichkeit mißbrauchen! Eure Anstrengungen, in Gottes Geheimnisse einzudringen, sind sinnlos, wenn ihr die Augen der Seele geschlossen haltet.

Die Seele ist ein dem irdischen Körper vergleichbares Gebilde, eingegeben in alle Geschöpfe, eine Strahlung aus Gottes heiligem Strom. Alles, was atmet, also auch Pflanzen, Bäume, Blumen, muß diese Gotteskraft aufnehmen, sonst zerfiele es. Nennt diese Strömung in allem Leben »Aura«, aura Theou, den Hauch Gottes. Je höher die geistige Entwicklung der Tiere, desto stärker ist in ihnen diese Aura.*

Die menschliche Seele aber ist von besonderer Beschaffenheit. Ihr inneres Gerüst wurde aufgebaut aus der Seelensubstanz von Tieren; aber aus einem Stern des Heiligen Geistes, der im All wie eine Sonne die Strahlen des ewigen Lebens gebiert, stammt der Abglanz des Göttlichen, der ihr innewohnt. Eure Seelen werden in der allergrößten Liebe von Gottes Engeln aufbereitet. Sie empfangen diese Strahlungen und geben sie ein in die Lebensform der Erwartung, wo sie bis zur Berufung in ein neugeborenes Menschenkind bewahrt bleiben.

Erscheinungen der Seele sind im allgemeinen mit den Sinnen der irdischen Körperlichkeit nicht wahrnehmbar. Nur unter ganz besonderen Voraussetzungen ist ein Erkennen möglich. In alten Märchen und Sagen wird von geheimnisvollen Seelenerscheinungen berichtet, die auf die Gemüter der Lebenden beängstigend wirkten.

Seelen sind die stärksten und festesten Lebenswunder, die es

* aura, griechisch »Hauch«; aura Theou, »Hauch Gottes«.

gibt in Gottes Welten. Ihr glaubt sie euch als Strahlengebilde denken zu müssen, doch sie haben genau dieselben Leibesgestalten wie ihr irdisch Lebenden. Sie lösen sich aus dem Materieleib, der verfallen muß, aber sie sind auch aus Materie — aus einer Materie, die euch nicht »begreifbar« ist, denn wie dieses Wort ausdrückt, wollt ihr be-greifen, um wahrzunehmen. Die Seelen aber könnt ihr nicht berühren, ihr seht und fühlt sie nicht, und doch sind sie aus einem Stoff, der genauso anbereitet ist wie euer irdischer Körper, lediglich aus anderer Substanz, aus anderen Atomen, aus einer Sternsubstanz, die geheiligt ist durch der ewigen Gottheit Liebe zum Leben. Genauso wie der irdische Leib im System, im hohen Gottesgedanken, ist der Grundaufbau der Seele, jedoch aus feingeistigen Elementen.

Die Erde ist aus einer Materie von einmaliger Zusammensetzung. Diese Materie ist aber nichts anderes als ein Energiegewebe aus allerkleinsten, schwingenden Teilchen. (Wissenschaftler eurer Zeit haben dies schon entdeckt.) Sie ist also nur scheinbar fest. Alles schmiegt sich in gebundener Form aneinander, gebannt durch eine geheimnisvolle Kraft der Anziehung. Was in euch des Gottes Hauch ist, die Seele, die Aura, gibt es nur im Lebewesen. Im gesamten Erden- und Planetenbereich aber bewirkt eine gesteuerte Kraft der Selbstanziehung die Bindung der Materie. Diese Kraft hält alle Stoffe in ihrer Form. Die tote Materie ist für die Seelen der Unsterblichkeit genauso durchlässig wie für euch die Luft. Dadurch können die Seelen der Menschen im Augenblick des Todes aus jeder irdischen Umhüllung befreit werden.

Menschen können durch Steinbrüche oder Felsen erschlagen werden, andere gehen durch Explosionen zugrunde. Als schrecklichste Todesart dieser Zeit gilt die Vernichtung durch die Atombombe. Doch auch durch diese wird der Seele unsterbliche Daseinsform nicht zerstört. Wie immer auf Erden ein Mensch stirbt, seine Seele besteht und wird aufgenommen in die Bereiche des sphärischen Lebens.

Die Seele also ist absolut unzerstörbar. Sie erfährt durch das irdische Leben gestaltende Stärkung. Sie wird auch im Erscheinungsbild, also im Aussehen, von euch geformt. Durch erbbiologische Ergebnisse kann es vorkommen, daß ein Mensch ein sehr unschönes Äußeres hat. Liegt in ihm aber eine edle Seele, so ist dieser Mensch, da er aus seinem Erdenleib gelöst wird, in seiner Erscheinungsform verändert. Sein Gesicht, das hier häßlich wirkte, hat sich im Innern in wunderbarer Weise umgebildet. Die Störungen des inkarnierten Aussehens sind behoben in der unsterblichen Gestalt der Seele, und doch wird jener Mensch von seinen Lieben wiedererkannt. Erstaunt begrüßen ihn die Vorausgegangen, und freudevoll erschaut er sein eigenes Bild im Spiegel. Er ist in einer Weise verändert, die sein Wesentlichstes erhielt und nur die Störungen des irdischen Aussehens beseitigte.

Im Gegensatz hierzu finden sich Menschen, die auf Erden ein Gesicht von vollendeter Schönheit besaßen, aber in ihrer Seele verdarben, auf schrecklichste Weise verunstaltet. Sie erkennen sich nicht wieder, wenn sie Beschauung ihrer selbst erfahren. In jener häßlichen Gesichts- und Körperbildung müssen sie leben, bis sie durch schwere Bußen geläutert sind.

> Erbaut euch, ihr Menschen, die Schönheit der Seele durch die Sauberkeit des Charakters, durch Anstand und Sitte, durch Edelmut und Großherzigkeit. Erkennt eure eigenen Schwächen und besiegt sie!

Überwindet Störungen des Gefühls, wie sie gegeben sind in Hochmut und Stolz, Eitelkeit, Geiz, in Rücksichtslosigkeit oder Rechthaberei, im übersteigerten Bedürfnis nach irdischen Genüssen, nach Scheinglück, im Betäuben der Sorgen durch Gifte aller Art.

Haltet euch rein! Seid niemals kalt und gefühllos dem schutzbedürftigen Leben gegenüber!
Schließt euch mit aller Herzenskraft an
an das Band der Liebe zu Gott — so formt ihr die Seele in euch zu vollendeter Schönheit.

Kosmos und Leben — Stern der Bereitung

Ein Gesetz des kosmischen Geistes zwingt Gott dazu, sein All mit Leben zu besiedeln. Da Gott ein Ganzes ist mit dem Urgeist aller Welten, entsprang dieses Gesetz auch seiner eigenen Seele. Es ist eine Notwendigkeit. Die unendlich weiten Gebiete der Sphären des Kosmos, dessen geistiges Zentrum in eurer Milchstraße liegt, müssen mit blühendem Leben besiedelt werden, mit ätherischem Leben. Die Sterne der Schwere, die ihr erblicken könnt, sind nur das Gerüst der gigantischen kosmischen Gestalt, die durch die Seelen der Unsterblichkeit Geist und Seele erhält.

Es gibt im All einen Stern, den Gott einzig dazu erschaffen hat, um auf ihm der Menschen Seelen anzubereiten. Er steht im Sichtbereich eurer Erde, sichtbar durch seinen strahlenden Kern aus schwerer Materie. Dieser Stern ist gleichermaßen für die Neuentstehung der Seelen da wie für die Reinigung und Umbereitung derer, die zur Reinkarnation bestimmt sind. Strahlen aus des Heiligen Geistes Lebensstrom, eingeführt in Seelengewächse der Erde, bewirken das Entstehen der Menschenseelen.

Die Urform der Menschenseele ist gestaltlos, in Säuglingsgröße. Die Bestände der Erwartung des Lebens sind allerheiligstes Gut unseres Gottes. Erfährt ein Sünder dieser Erde die Gnade der Wiedergeburt, wird er nach seiner Buße und Läuterung auf diesen Stern der Bereitung gebracht. Dort befindet sich ein Strom, den ihr als Lethe bezeichnen dürft. Er fließt durch die allerherrlichste Landschaft, die ihr euch denken könnt. Die Menschen, die dieses Wasser erblicken, befällt ein ungeheures Verlangen, es zu trinken und darin zu baden. So sternenrein, so sonnenklar ist es anzusehen, daß niemand es erträgt, davor stehenzubleiben. In seligem Entzücken benetzen die Geläuterten Hände, Stirn und Augen, trinken und gleiten dann in den heiligen Strom zum Bade. So sie baden, wird von ihren Seelen jede Erinnerung gelöscht, die an ihnen haftete. Nach dem Bade befällt sie ein Staunen, denn sie erblicken einander in Schönheit. Erfrischt und erschöpft zugleich werden sie, die sich in traumhaftem Wohlgefühl befinden — eingehüllt in leuchtend weiße Mäntel, die der Engel Gabe sind — zu einem Schiff geführt, das sie aufnimmt. Dieses Schiff bringt die gereinigten Seelenmenschen an einen Ort der größten Stille. Hier steht ein Gebäude, das anzusehen ist wie ein griechischer Tempel. Die Gereinigten, da sie darin eingehen, bestrahlt des Glückes Glanz und Friede. Ein jeder von ihnen wird von einem Engel zu einem Lager gebracht, auf dem er sich in schwerer Müdigkeit niederläßt. Die weitere Behandlung der Seelen empfinden diese nicht, da sie in tiefen Schlaf verfallen.

Die Schlafenden werden nun in einen anderen Raum gebracht, wo sie zunächst in der Größe ihres Menschenwuchses liegenbleiben, doch da sie in sehr langen Schlaf eingegangen sind, werden ihre Leiber, gesteuert durch göttliche Bestrahlungen, langsam verkleinert. Ständig bewacht und betreut, werden sie in wunderbarer Weise zurückgeformt in die Größe der menschlichen Anfangsform des Lebens. Sie verlieren dabei auch ihr äußeres Erscheinungsbild und liegen schließlich in länglich eiartiger Form in der Bereitungsstätte.

Die Schutzengel, die sie auf Erden betreuten, sind nun darauf bedacht, ihre Lieblinge wieder zu neuem Leben zu erwecken. Dieser neue Anfang wird nach den Gesetzen der Schicksalsengel bestimmt. Die Schutzengel erhalten Mitteilung, wenn die Zeit gekommen ist und das jedem einzelnen bestimmte Wiedergeburtsschicksal beginnen kann.

Schon im Embryonalzustand des irdischen Lebens beginnen die Engel mit der Vorbereitung für die Seeleneingabe in ein Menschenkind. Sie bestrahlen das entstehende Leben aus des Gottes Liebesstrom. Es ist daher ein Gebaren der Entweihung der Liebe Gottes, wenn ihr die ungeborenen Kinder abtötet!

Mit der Menschheitsvermehrung muß innegehalten werden. Die Geburtenvorbereitung muß sehr sorgfältig erwogen werden. Den Liebenden dieses Jahrhunderts steht die störungsfreie Steuerung der Beziehung zueinander frei. Sie haben die Möglichkeit der Geburtenregelung. Diese muß bei allen Völkern der Erde eingeführt werden. In kommender Zeit wird dahingehend Neues entdeckt und bereitet, denn die Zurückhaltung der Sexualität ist im weiten gesehen nicht zu erreichen. Sie ist auch kein Gebot des Himmels. Ein Gebot des Himmels aber ist die Liebe!

Entsteht euch ein Seelchen, so nehmt es an und strömt ihm alle guten Gaben eurer Seelen ein! Ein großes, heiliges Wunder ist die Geburt eines Menschenkindes.

Unendlich viel seliger als jene zur Reinkarnation bestimmten Menschen sind alle, die ihre Seele rein erhielten und zur Reife brachten. Nicht der Strom des Vergessens erwartet sie, sondern ein Lebensglück in Gottes Welt, das euch hier nicht vorstellbar ist. Erkennt es, ihr alle steht über der Notwendigkeit der Wiedergeburt. Ihr alle könnt eingehen in das ewige Leben. Bewährt euch in diesem irdischen Dasein! Und glaubt es entgegen allen Anfechtungen und Zweifeln: Das starke Sterben des Gottessohnes erlöste euch. Eröffnet sind die Tore des Himmels. Bindet euch an jenen, der euch dieses schreibt und der euch alle liebt, bindet euch an Jesus Christus.

Über Liebe und Ehe
Eros

Eros heißt die Urkraft des Lebens!
Eros heißt Gottes Vermählung mit allen Liebenden.
Allen schenkenden Seelen der Liebe
schenkt sich Gott,
in alle blühenden Herzen der Liebe bricht E r ein,
in allen zarten, edlen Seelen schwingt S e i n Gefühl.

So gebe sich der Mann dem Weibe nur
im Gebundensein an diese zarteste Gewalt
und niemals schwäche er sein Weib
durch Zwingendes!

Dem niedren Trieb der Lust
erliege niemals der Erkennende,
doch ohne Scheu vollzieh' er die Vereinigung,
wenn Einklang beider Seelen diese heiligt.

Ein starker Strom, der durch alles Leben fließt, ist die geheimnisvolle Anziehungskraft zwischen dem männlichen und dem weiblichen Geschlecht. Eine ungeheure Gewalt liegt in jenem Trieb, der Gottes Geschöpfe am Erdendasein erhält. Er ist für die Erhaltung des Lebens genauso wichtig wie der Schmerz. Die Bereitung dieser absolut notwendigen Gefühle: Schmerz und Lust, geht auf die Urzeit der Schöpfung zurück. Die Geschlechtsvereinigung aller Lebewesen ist des großen, ewigen Urgeistes aller Welten Gebot. Das sinnenberauschende, starke Gefühl der Lust bewirkt es allein, daß die Lebewesen nach Vereinigung streben, wodurch die Fortpflanzung aller Arten gesichert ist. Einem gesteuerten, geheimnisvollen Trieb folgen die Tiere wie die Menschen.

Im Dasein der Generationen der großen, herrlichen Zeitalter der Menschheitsgeschichte ist die Liebe stets als göttliches Geschenk des Himmels betrachtet worden. Die Gedanken und Gefühle der beglückten Liebenden, die Sehnsüchte, Qualen und Freuden der Liebe wurden von den Dichtern aller Zeiten besungen. Geschlechter vergingen und entstanden, und die Liebe durchströmte das Leben immer mit der gleichen Macht. Erfreut euch, ihr Menschen, dieses großen Gottesgeschenks!

Erreicht den Sternenglanz der Liebe aber durch der Seele heilige Empfindungen, ehe ihr euch dem erstrebten Glücksgefühl der Vereinigung hingebt! Seht, wie durch alle Geschöpfe Gottes große Zärtlichkeit fließt. Genießt einander, da ihr euch liebt. Gebt einander alles, was eure Herzen besitzen an zärtlichem Gefühl. Seid unbesorgt, da ihr euch verströmt – Gott liebt euch, und der Sinne süße Empfindungen gehen in der Sternenwelt niemals als Sünden ein, wenn der Strom rein ist. Ihr Menschen habt alle ein sehr feines Gefühl dafür, was gut und böse ist. Folgt alle, die ihr liebt, der Stimme des Gewissens und dem Gesetz eures Herzens. Es gehen die Sterne der Liebe auf über jedem Paar, das der Seele Reinheit bewahrt.

Die Reinheit der Seele aber ist Bedingung; ohne diese Voraussetzung ist die beglückende Strömung des Himmels nicht zu erlangen, die Strömung der Sterne, die den Liebenden alle Freiheiten einräumt.

Sehr streng sind Gottes Engel in der Prüfung und Beurteilung der seelischen Werte. Sie sind Anstands- und Moralhüter. Sie bestrafen die Entgleisungen einer Sinnlichkeit, die aus der Liebesbeziehung zwischen Mann und Frau ausgleitet in sexuelle Entartungen. Sie bestrafen diese Entgleisungen schon auf Erden.

Es gibt die widerwärtigsten Auswüchse einer primitiven Sinnlichkeit, die ich nicht weiter zu erörtern geneigt bin. So gibt es Menschen, die im sexuellen Begehren die Grenzen der menschlichen Würde überschreiten und sich auf eine Weise Lustgefühle erbeuten, die außerhalb des Schamgefühls der Seele liegen. Die Scham der Seele ist es, die ihr beachten sollt, wenn ihr dem Begehren des Leibes nach sinnlichem Genuß nachgebt. Ist in euch kein Schamgefühl der Seele mehr spürbar, das euch abhält von sexuellen Entgleisungen, dann seid ihr auf eine sehr tiefe Stufe geraten, dann seid ihr herabgesunken unter den Wesensbegriff Mensch. Dieses triebhafte Erbeuten von Lustempfingungen ist nicht mit der Würde des Menschen vereinbar.

Sinnlichkeit ist gottgewollt. Die Ströme des Eros durchfluten die ganze Erde, die ganze Welt; sie durchfluten den Kosmos bis in die höchsten Sphären des Lebens — die Ströme des Eros aber sind rein! Liebe und Zärtlichkeit sind die süßeste Erfühlung des göttlichen Lebens. Die Liebesmacht der Sinnlichkeit, die sich in der Lust und Freude an der weiblichen Schönheit, an der männlichen Kraft entflammt, ist ein herrliches Gottesgeschenk, das ihr ungehemmt genießen dürft. Doch niemals beschreitet die Wege der Verderbnis! Niemals laßt euch dazu verleiten, der Sinne Berauschung zu suchen in einer Art, die der Seele heiliges Gut beschmutzt.

Und nun noch eine Ermahnung zur Gegenwart.
Die Jugend der Gegenwart hat durch die Beeinflussung einer ausgebreiteten Sexualaufklärung, welcher man schon kleine Kinder aussetzt, gewisse natürliche Hemmungen verloren. Sie ergeht sich im Gefühl der völligen Freiheit im Liebesgenuß. Sie strebt aber im großen gesehen nach wie vor das Glück einer tiefen seelischen Liebe an. Es sei dazu gesagt: Die Befreiung der Sexualität darf nicht die Grenzen des Anstands und der Sitte der Gesellschaftsordnung einer Kulturmenschheit überschreiten. Ein Entgleisen in völlige sexuelle Freiheit bringt der Menschheit einen großen Verlust an seelischen Werten. Man ermahne daher die Jugend zur Mäßigung. Man ermahne sie, die Bedürfnisse der Sinne nicht als das Wichtigste in ihrem Leben zu betrachten. Die Suche nach einem Lebensgefährten sei nach wie vor der Jugend Anliegen, nach einem Gefährten, dessen Seele sich im Gleichklang mit der eigenen Seele befindet. Ein Spielen und gedankenloses, oberflächliches Herumtändeln von einer Beziehung in die andere bedeutet eine erhebliche Wertminderung der Seele.

Es sei noch gesagt, daß die Ehe eine unlösbare Liebesbindung auf Lebensdauer bleiben soll. Sie ist ein heiliges Gelöbnis vor Gott! Wahrhaft unglückliche Ehen aber können gelöst werden. Menschlichkeit sei immer das höchste Gottesgesetz!

Ihr sollt dieses irdische Dasein nicht mit Widrigkeiten verbringen, sondern aus jedem Tag das beste herausholen. O wieviel Zeit versäumt ihr dadurch, daß ihr euch gegenseitig das Leben vergällt! Lebt friedlich miteinander! Gott wünscht die Harmonie der Herzen und der Seelen. Lebt friedlich miteinander, und ihr erfreut Gott!

Gebt euch gemeinsam in Gottes Hände, ihr, die ihr euch tief und innig liebt, und seine Liebe wird euren Weg erleichtern, sein Glanz euer Leben überstrahlen, und das wunderbare Gefühl der Geborgenheit, das eure Schutzengel euch vermitteln, geht auf eure Kinder über, die ihr nach den großen heiligen Grundsätzen der christlichen Religion und nach den Gesetzen einer hohen Ethik erziehen sollt.

Die Ehe ist geheiligt, doch ist sie nur geheiligt durch die Liebe. Stirbt die Liebe in einer Ehe, erlischt jegliches Gefühl des Zueinandergehörens, dann betrübt diese Ehe Gott als eine Lüge. Solch eine Lüge soll nicht fortgesetzt werden. Gott verzeiht Verirrungen des Herzens; ein fortgesetztes Lügen aber ist schwere Sünde. Auch die schwersten Zerrüttungen sind heilbar, wenn der Kern einer Ehe gesund ist. Strebt danach, gereift vor den Altar zu treten im Wissen um die Schwächen des erwählten Gefährten.

Licht und Schatten werden euch auf jedem Erdenweg zuteil. Im Glück der Liebe, die ihr schenkt, findet ihr Gottes Segen.

Über Kinder

Jedes Kind hat bei seiner Geburt eine reine Seele, und doch muß es diese Seele noch erschaffen, also es muß die reine Seele, die es in sich trägt, durch das Leben, in das es eingeordnet wird, aufbauen und in die höchste Form bringen. Wenn es versagt, wird seine Seele geläutert und reinkarniert, und wieder ist sie rein beim Anbeginn.

Wird ein Kind in ein Lebensschicksal eingeordnet, das ihm die Möglichkeit gibt, Gottes Gebote zu erfüllen, und tut es das nicht, hat es versagt. Entwickelt sich ein Kind so, daß seine Seele rein bleibt, hört es auf sein Gewissen und unterdrückt alle schlechten Eigenschaften, die in ihm aufkommen könnten, so wird es ohne weiteres in den Himmel kommen.

Alle, die ihr Eltern seid, glaubt immer an das Gute in euren Kindern! Es ist möglich, daß ein Kind in eine Krise gerät; schenkt ihm dann um so mehr Liebe. Sollte ein Kind aus Unvernunft oder Schwäche Böses getan haben, so bestraft es nicht zu hart. Helft ihm wieder auf den richtigen Weg. Kommt es aber vor, daß ein Kind eine grausame, rohe Tat vollbringt, so ist es in ernster Gefahr.

Legt in die Herzen eurer Kinder, schon wenn sie zu denken und verstehen beginnen, die Liebe zu allen Geschöpfen Gottes. Kinder, die ein tiefes Gefühl für Tiere haben, werden niemals Grausamkeiten verüben können. Laßt es niemals zu, daß eure Kinder Tiere quälen oder durch gedankenlose Vernachlässigung mißhandeln; erklärt ihnen, daß alle Tiere, auch die kleinsten, Schmerzen fühlen und kein Spielzeug sind. Ein Mensch, der schon in seinem Kinderherzen Liebe zu den Geschöpfen Gottes empfand, wird immer Ehrfurcht haben vor der Schöpfung und als Erwachsener auch seinen Mitmenschen gegenüber mitfühlend sein.

Wird ein Kind in ein elendes Leben hineingeboren, so wird es auch darin eine Reifung seiner Seele erfahren. (Ihr alle seid einmal den Weg durch das Leid gegangen, oder geht ihn jetzt oder später.)

Die augenscheinliche Ungerechtigkeit der Erdenschicksale ist nur vom Gesichtskreis der Menschen aus als solche anzusehen. Es gibt im Sinne der höchsten Ordnung keine Ungerechtigkeit. Jede Seele kann sich in diesem Leben bewähren und ausreifen zur Vollkommenheit.

> Für christlich erzogene Menschen, die ihr Erdenleben hindurch an Gottes Sohn gebunden bleiben, gibt es keine Reinkarnation. Sie gehen ein in Gottes Welt.

Wie man leben soll

Seelische Reinheit sei euer höchstes Ziel! Gottes Welt steht allen Menschen offen, die reinen Herzens und reiner Seele sterben, Gläubigen wie auch Ungläubigen. Es gibt Menschen, die nicht glauben können, die aber ein vorbildliches Leben in Edelmut und Großherzigkeit führen. Sie entschädigen Gott für den Unglauben durch der Seele Reinheit. Gläubigen dagegen, die menschlich versagen, bleibt der Himmel verschlossen.

Ein jeder von euch fühlt in seiner Seele die Strömung Gottes, die ihn Gut und Böse unterscheiden läßt. Das Gewissen, dieser allerfeinste Sinn in euch, weist euch sogleich darauf hin, wenn ihr gegen den Willen Gottes handelt. Betäubt euer Gewissen niemals durch Gedanken und Handlungen der Eigenliebe!

Lebt so, daß ihr Gott erfreut! Denkt stets daran, daß all eure Gedanken gehört werden. Seid anständig im Leben und edel in der Gesinnung. Verhaltet euch so, daß die guten Taten eures Lebens, in eine große Waagschale geworfen, eure Unvollkommenheiten an Gewicht bedeutend übertreffen. Sorgt dafür, daß es in eurem Leben niemals Arges gibt, das ihr nicht wiedergutmachen könnt. Eine tiefe Reue kann eure Seelen noch verbessern, doch ist die böse Tat in eurem Leben sehr schwer auszulöschen.

So einfach ist es nicht, daß man am Ende des Lebens seine bösen Taten nur zu beichten und zu bereuen hätte, um danach eingehen zu können in die ewige Seligkeit. Viel strenger sind die Gesetze über die Reinheit der Seelen, über die Qualität der seelischen Substanz, die ihr bei eurem Lebensende hier erreicht haben sollt. Und groß ist die Gewalt der Schicksalsengel, die über euch wachen.

Ihr ahnt nicht, wieviel ihr falsch macht! Ständig trachtet ihr nach Reichtum. Nur euer irdisches Leben wollt ihr dauernd verbessern, aber daß ihr euch selber verbessern solltet, daran denkt ihr nicht. Geht durch dieses Leben der Vorbereitung in der größten Ehrfurcht vor der Schöpfung und in der tiefsten Demut vor der Erhabenheit Gottes.

> Abertausend Wege führen zu Gott.
> Ein jeder stärke seine Seele im Gebet,
> daß er den seinen nicht verfehle.

Das Böse im Menschen

Solange die Menschheit an Gott glaubt, glaubt sie auch an einen Widersacher Gottes. Der Glaube an einen Geist des Bösen entstand schon in den ersten Naturreligionen. Es hatte dieser Geist des Bösen viele Namen, wie auch Gott viele Namen hatte. In der Bibel steht die Geschichte des Engels Luzifer, den Gott stürzte. Auch sind im Neuen Testament einige Hinweise auf den Satan. Durch den Satansglauben und die Angst vor dem Wirken dieses bösen Geistes brach über die Menschen des Mittelalters großes Unglück herein.

Gott war in jener Zeit aufs tiefste erschüttert über die Grausamkeiten, die im Zeichen des Kreuzes verübt wurden. In seiner Enttäuschung darüber, daß Christen in ihrer Religion zu den schrecklichsten Handlungen fähig waren, ist er nahe daran gewesen in diesen Jahrhunderten, die Christenheit auszulöschen. Ihr wißt, wie die Pest die Menschen dahinraffte. Ein Erbeben der Seele Gottes war diese Krankheit. Ein gleichzeitiges Aufblühen der Marienverehrung aber bewegte das Herz des Vaters zur Erbarmung. Es sei euch gesagt, daß das Ende der Pest der Liebe Marias zu danken war.

Die starke Strömung glutvoller Liebe aus Tausenden von Menschenherzen zu Maria gab Gott neue Hoffnung auf das Erblühen eines hohen, edlen Christentums in einer späteren Zeit.

Es liegt im Streben nach Vollendung der starke Widerstand des Schlechten gegen das Gute, in der Gestaltung des göttlich Erhabenen der Widerstand der Materie, der Urkräfte der Natur.

Gott ist der größte Gestalter. Ungeheures hat er gebildet aus dem Nichts, und er mußte die Widerstände eines Kosmos überwinden, um aus dem Chaos Ordnung zu schaffen. Er mußte auch die große Aufgabe lösen, der Menschen Schlechtigkeit zurückzudrängen, um mehr und mehr gute Seelen zu gewinnen. Ungeheure Arbeit muß Gott ständig leisten, damit alles geordnet bleibe und das Geordnete nicht wieder zurück ins Chaos falle.

Ungeheure Arbeit leistet Gott auch in der Bereitung der Menschenseelen. Chaos ist der Urzustand aller Materie, und auch in euren Seelen liegt Chaos. Nur durch die ständige Einstrahlung aus Gottes Geist geht ihr Menschen den Weg zum Guten.

Ein Heer von Schutzengeln lebt nur für euch Menschen allein. Sehr viele Schicksalsengel arbeiten ständig an eurer Vervollkommnung. Der Weg zur Vollkommenheit ist weit!

Die Menschen neigen dazu, alles Schlechte dieser Erde einem sehr starken Einfluß des Satans zuzuschreiben. Ihr sollt die alten Begriffe von Hölle und Fegefeuer nun anders denken. Ändert damit auch das Bild des Teufels.

Es ist nicht so, wie ihr es glaubtet. Gott ist der Alleinherrscher im ewigen, unendlichen Kosmos. Er hat den Geist des Bösen, der in den Offenbarungen des Johannes als Drache oder Schlange symbolisiert wird, besiegt. Es ist mir nicht möglich, in diesen Schriften euch über alles genaue Aufklärung zu geben. Es geht hier um die allergeheimsten Dinge. Der Geist des Bösen ist ein ungeheures Element, das ihr nicht im Satan als einer Person bestimmen sollt.

Die großen Bewegungen des Weltalls, das Gott erst zu gestalten hatte, mußten durch den stärksten Willen zur Ordnung gezwungen werden. Diesen Widerstand eines lebendigen Kosmos, der im Chaos stand gegen die ordnende Gewalt, deutet als »Geist des Bösen«. Durch meine Menschwerdung, durch meinen Tod und meine Auferstehung hat Gott den Geist des Bösen, den kosmischen Widerstand gegen sein heiliges Werk, besiegt.

Das ganze Universum ist gereinigt, ist stark und gesund geworden.

Nun liegt es an euch Menschen, das Böse in euren Seelen auszurotten. Ein jeder von euch kann den »Teufel« besiegen. Ihr habt euer Gewissen, ihr fühlt es ganz genau, was gut und was böse ist. Überwindet das Böse! Schließt euch an Gott an, und der Begriff »Satan« wird in einem neuen Zeitalter vergessen sein.

Es sei euch noch gesagt, daß jeder, der hier Böses tut, ganz allein dafür zur Rechenschaft gezogen wird. Niemand kann sich darauf hinausreden, es sei der Teufel gewesen, der ihn zur bösen Tat verleitet habe. Jeder steht für sich allein vor dem letzten Gericht. Streng und gerecht wird geurteilt von Gottes Richtern. Den schweren Sündern, die nicht bereuen, stehen schreckliche Strafen bevor, jedoch werden sie nicht von einem Teufel in ein flammendes Inferno geworfen; sie werden von den Engeln der Schattenwelt zur Bestrafung geführt.

Wir haben eine Sphäre der Bestrafung: die Schattenwelt. Der Sünder wird zunächst am Ort seines Verbrechens bestraft und dann in die Schattenwelt gebracht, die ihr dem Begriff Hölle gleichsetzen sollt.

Der Herr der Schattenwelt ist ein mächtiger, schöner, ein selbständiger Sterngott, ein Schicksalsengel also. Sein Name ist Phosphoros, aber auch Luzifer. Er arbeitet im Auftrag Gottes. Er hat eine schwere Aufgabe zu erfüllen, er gebietet über eine große Zahl von Engeln, die sich alle von den Engeln des Lichts unterscheiden. Es sind sehr ernste, besonders gekleidete Engel. Sie tragen Gewänder in dunklen Farben, in schimmerndem Silberglanz. Jeder Gezeichnete (das ist ein Sünder, der ein Kainsmal trägt) sieht nach seinem Tod neben seinem Schutzengel, der von lichter, strahlender Schönheit ist, solch einen dunklen Engel stehen. Sehr, sehr traurig sind die Schutzengel der Verbrecher und Sünder, wenn sie ihr Menschenkind einem jener hohen Engel der Schattenwelt übergeben müssen. Phosphoros also steht, wie auch der schicksalsgewaltige Saturn, im Dienste Gottes. Seine Aufgabe ist die Bestrafung der Sünder.

Es kommt vor, daß ihr euch geneigt fühlt, Böses zu tun, und euch luziferisch beeinflußt glaubt. Das Böse aber liegt allein in euch. Ein guter Mensch kann niemals zu einer bösen Tat verleitet werden! Sobald ihr dem Bösen erliegt und schwere Sünde auf euch ladet, erhaltet ihr ein Kainsmal auf die Stirn gezeichnet von einem Engel. Nur die tiefste Reue, mit den innigsten Gebeten um Begnadigung verbunden, kann euch dann noch retten.

Gott prüft euch! Es wird euch oft sehr Schweres auferlegt von Gottes Schicksalsengeln. Ihr werdet auch von dunklen Mächten in Versuchung geführt; doch ist es ein leichtes für euch, alle Prüfungen zu bestehen und allen Versuchungen standzuhalten.

Stark wünscht sich Gott seine Seelen. Stark und unanfechtbar! Mit seiner Strenge gibt er euch seine Liebe. Ihr sollt eine

Ewigkeit lang bestehen! Ihr dürft nicht anfällig sein gegen die Sünde, gegen die Entartung, gegen alle irdischen anreizenden Einströmungen des Minderwertigen, Oberflächlichen.
Auch Reichtum ist Prüfung und keinesfalls Belohnung! Belohnt werdet ihr erst im Himmel. Härten des Herzens werden bitter bestraft in der Schattenwelt des Jenseits durch den Herrn jener Bereiche, doch im Willen Gottes.

Ein jeder von euch ist an Gottes Herz gebunden durch ein Band der Liebe. Gott liebt alle seine Menschen! Daran denke selbst der Schlechteste in seiner schwächsten Stunde!

Eine große Gnade erteilt euch Gott durch die Gedankenverbindung zu ihm. Das ist die Gnade des Gebets. Jedes Gebet wird erhört, wenn auch eure Wünsche nicht immer erfüllt werden können.

Gebete sind »Ferngespräche«, die immer erhört werden und die niemals fehlgelenkt werden können.

Gott oder diejenige geistige Kraft Gottes, die ihr anruft, empfängt eure Worte und hat immer Zeit für euch. Betet! Sendet eure Gedanken zum Himmel, sprecht mit euren Schutzengeln, ruft Maria an oder eure Heiligen und jene Schicksalsmächte, die ihr in diesen Aufzeichnungen kennenlernt. Große, starke, herrliche Engel Gottes sind sie, und alle, alle lieben euch!

Die Urgewalt des Widerstands hat Gott besiegt. Das Böse in euch müßt ihr selbst besiegen. Ein jeder, der fest davon überzeugt ist, daß es keinen Tod gibt, wird es nie mehr wagen, Böses zu tun.

Ein jeder lebe und handle so, daß er nach seinem Erdendasein Gott erschauen darf. Ein jeder besiege das Böse in sich und schließe sich fest an das große Liebesband Gottes an, das Himmel und Erde verbindet, und der Tag wird kommen, da Gott seine dunklen Engel anderen, himmlischen Aufgaben zuführen kann.

Wir erwarten nicht den Weltuntergang, wir erwarten ein Zeitalter der göttlichen Erfüllung, ein Zeitalter des Menschen, der anständig und edel durch sein Leben geht, der von den großen Wundern Gottes weiß und von der unendlichen Liebe, die der Vater ihm schenkt. Denkt nicht mehr an den Untergang der Erde. Gehorcht den Geboten des Himmels, und ihr geht einer herrlichen Zukunft entgegen!

Schattenwelt und Seelenreifung

Jeder Mensch, der Böses tat auf Erden, geht ein in die Schattenwelt. Er bleibt ganz eingeschlossen in seine Persönlichkeit. Seine Bestrafung ist genau seinen bösen Taten angemessen. Es gibt die mannigfaltigsten Arten der Bestrafung, wie es die mannigfaltigsten Verbrechen und Sünden gibt. Aber noch nie wurde ein Sünder zur ewigen Verdammnis verurteilt. Ein jeder hat die Möglichkeit, aus der Welt der Dunkelheit aufzusteigen in die höheren Bereiche des Lichts. Einem jeden widerfährt die große Gottesbegnadung der Buße. Die Buße in der Schattenwelt muß bis zur Säuberung der Seelen durchgestanden werden. Da es grauenvolle Seelen gibt, also Menschen, die die schrecklichsten Grausamkeiten verüben, gibt es auch grauenvolle Leiden und Qualen im Bereich der Schattenwelt. Es müssen die Seelen genau dieselben Schmerzen erleiden, die sie andern Menschen angetan haben oder aus Roheit und Grausamkeit Tieren zufügten.

Wir haben Menschen in der Schattenwelt, die nach irdischem Zeitmaß jahrhundertelang gefühllosen Geistern ausgeliefert sind, die ihnen jenes Maß an Leiden auferlegen, das sie verdient haben. Aber auch diese Menschen, die im Zustand größter Pein und Qual gehalten werden (körperlicher Pein und seelischer Qual), stehen auf Stufen der Entwicklung. Selbst von der tiefsten Stufe gibt es einen Weg zurück zum Licht, er führt über die Erde. Eine ewige Verdammnis, also Qual und Schmerzen ohne Ende, gibt es nicht.

Der Begriff einer Hölle, in der eine Ewigkeit hindurch Menschen in Qualen liegen, ist aus ungenauen Übersetzungen entstanden. Man wird dies wissenschaftlich klären durch Überprüfung der ersten Aufzeichnungen der Heiligen Schriften.

Nach angemessener Zeit wird die Bestrafung einer jeden Seele beendet und der Mensch der Einwirkung berufener Erzieher überlassen. Engel, die Seelenärzte sind, beschäftigen sich nun mit ihm. Man erhofft eine große Erschütterung und Erkenntnis des beschauenden Geistes; beschauend insofern, als jedem Menschen auch seine Verbrechen oder Grausamkeiten im Bilde vorgeführt werden. Gott wartet sehr lange auf die Einsicht des menschlichen Geistes. Erfolgt diese nicht, bleibt ein Herz kalt, dann wird eine solche Seele, die sich im Zustand der größten Häßlichkeit befindet, nicht zur Wiedergeburt als Mensch begnadigt. Sie wird beseitigt dadurch, daß sie in der Erde Anfangsformen des Lebens zurückgeführt wird; also sie wird als menschliche Seele sozusagen ausgelöscht. Nur den Teil der Unsterblichkeit in ihr sendet Gott zu neuem Anbeginn zur Erde zurück. Dort wird die unrettbare Seele aufs neue durch dieselben Bereitungen geführt, die aller Seelen weiter Entwicklungsweg sind.

Seelen müssen reifen wie alles, was zur Vollendung kommen soll. Sie müssen in ihrer Geschichte eine große Wertsteigerung erreichen. Eine jede Seele soll einmal eingehen in Gottes hohe Welt. In Gottes Welt aber können nur die edelsten Seelen Einlaß finden, daher ist die Wiedergeburt eine Notwendigkeit. Auch die Bestrafung für böse Taten ist notwendig. Es ist eine Gnade für die Menschen, die Böses getan haben, daß sie bestraft werden, denn nur dadurch werden ihre Seelen gerettet.

Die Bestrafung geschieht in einer Art, die den Seelen eine große Wertsteigerung bringt. Ein Mensch, der grausam war in diesem Leben, wird niemals mehr grausam sein nach der Bestrafung, die er durchleiden mußte.

Jeder Gezeichnete wird einer strengen Prüfung unterzogen, sein Lebensweg genau betrachtet, und alle Umstände werden erläutert, die ihn zu seinem Verbrechen führten. Alles, was zu seiner Entlastung angeführt werden kann, wird abgewogen.

Es wird in einer Weise gestraft, die von allerhöchster Gerechtigkeit und göttlicher Weisheit ist.

Gute Menschen aber, die kleine Fehler hatten, kommen sogleich in eine schöne, lichte Welt, in der sie auf wunderbare Weise erzogen werden. Diese Erziehung wird von den Engeln Gottes übernommen. Es sind jene Engel, die auf Erden schon als Schutzengel für ihre Menschenkinder gesorgt haben. Sie sorgen nun in der liebevoll-strengen Art, die ihnen eigen ist, für die Ausreifung und Höherentwicklung ihrer Schützlinge.

Also seid gewiß, daß ihr nicht in ein »Fegefeuer« kommt ihr geringen Sünder; ihr werdet erzogen. Seid ihr guten Willens, ist es euch dann schon erlaubt, mit euren Familienangehörigen und Freunden zusammenzukommen. Herrlich sind diese Wiedersehensfreuden! Allerdings dürfen die nicht ausgereiften Seelen auf keinen Fall die ausgereiften Seelen besuchen. Nur umgekehrt ist es möglich. Die hohen Geister kommen herab zu denen, die noch nicht ausgereift sind. Sie erzählen aus ihrer Heimat und bringen den geliebten, sehnsüchtig Erwarteten den Glanz einer seligen Welt.

Ermahnungen an alle

Selig also sollt ihr alle einmal werden, wenn ihr dieses Erdenleben bestanden habt. Was aber stehen dem für Lebensschwierigkeiten, was für Gefahren im Wege!

Sehr einfach ist es, den Ansprüchen der Gottesermächtigten zu genügen. Ein ganz schlichtes Wort gab euch ein deutscher Dichter: »Edel sei der Mensch, hilfreich und gut.« Wie selbstverständlich sollte es sein, danach zu leben! Alle, die diese Lebensregel befolgen, sind grünende Zweige am Baum des ewigen Lebens, dessen großer Erdenstamm gefestigt ist in den Religionen. Dieses sind die lebensaugenden Wurzeln einer Menschheit, die dazu begnadet ist, aufzuerstehen aus den Gefilden der Schwere in die Bereiche der Seligkeit des Himmels, in das Glück eines sternenbestrahlten ewigen Lebens. Gott müßt ihr erkennen, da ihr lebt auf dieser Erde, ihr, die ihr geistig erblindet seid!

Ich will euch erlösen! Aber nur die Bereinigung eures Geistes gibt mir die Möglichkeit dazu. Geistig seid ihr gefährdet, da ihr euch nun wissender wähnt als alle Geschlechter vor euch. Ihr habt euch einseitig entwickelt. Ich will die Ströme der Erkaltung ausscheiden, die eingedrungen sind in eure Gehirne. Die Welt, in der ihr schaltet und waltet, ist verloren; die Erde, ersterbend, befindet sich im Untergang, und sie wird untergehen, wenn ihr mich nicht erhört. Alle Generationen der Menschheitsgeschichte haben nicht so gehaust auf diesem herrlichen Planeten wie ihr! Geistig und seelisch seid ihr erkrankt, weil ihr euch von Gott gelöst habt.

O, ihr Industriestaaten-Herren, ihr erschaudert meine Seele! Ihr Mächtigen dieser Erde, wie graut mir vor euch! Wahnsinnig seid ihr in der Seelenlosigkeit eures ungläubigen Daseins. Diese Erde ist ein Juwel im Kosmos. Ein Juwel! Und ihr zerstört sie!

Ewig blühende, sonnige Gefilde erschuf euch Gott in den Sternen, euch, die ihr hier nur zur Entwicklung und Bewährung eingegeben seid in eure irdischen Körper — Welten von einer Schönheit, wie ihr sie euch nicht erträumen könnt. Selig sollt ihr leben — ohne Schmerzen, ohne Tod, zur Freude Gottes, der euch unsagbar liebt. Doch ihr lebt hier in eurer Selbstüberheblichkeit, in eurer grenzenlosen Dummheit, macht- und geldgierig dahin, konstruiert die schrecklichsten Zerstörungswaffen mit euren gottverlassenen Gehirnen, dringt in die Geheimnisse der Natur ohne jede Ehrfurcht ein und ahnt nicht, wie sterbenselend die Seelen sind, die ihr in euch tragt.

Gewaltstrotzend stehen die Großmächte einander gegenüber und bedrohen den Frieden der Welt. Sie werden von Ideen der Welteroberung beherrscht und von starken Gefühlen der Macht. Aber auch deren Bäume werden nicht in den Himmel wachsen. Ein inneres Aufblühen des Glaubens wird durch alle Völker ziehen, durch alle Völker! Ein tiefes Sehnen nach Gläubigkeit liegt in den Herzen von Millionen gestörter Christen.

Stark sollt ihr werden in eurem Glauben, stark in eurer Bindung an Gott, stark aber auch gegen Bedrohung und Überfall, doch jederzeit bereit, die Hand der Freundschaft zu reichen, wenn Einsicht einkehrt bei euren Gegnern. Vergeßt es nie: alle seid ihr Geschwister vor Gott! Fern sei euch der Haß! Seid immer bereit zu verzeihen, immer bereit zu lieben, eure Gegner anzuerkennen und sie durch die Kraft des Geistes, durch die Kraft des Wortes, zu überzeugen. Verteidigt eurer menschlichen Freiheit Gut vor jedem Angriff, aber bewahrt dabei immer des Herzens Glaubenskraft an das Gute im Menschen, auch im Feind.

Seht, es schwelt noch auf dieser Erde. Großes Leid bereiten sich die Menschen in ihrer Gottlosigkeit. Aus den schrecklichen Geschehnissen der Gegenwart aber wird der Weg in eine glückliche Zukunft der Menschheit führen.

Es gibt eine Rettung für euch alle, die liegt in der Seele eines jeden einzelnen: Bindet euch an Gott! Öffnet eurem Schöpfer eure Herzen in Demut und Liebe. Nur ein geöffnetes Gefäß kann gefüllt werden. Aus allen Sternen über euch könnt ihr Gottes Einstrahlungen empfangen. Nehmt sie entgegen!

Ergänzungen und Erläuterungen zu den Evangelien

Ein Begehren meiner Seele ist es, die Niederschriften der Evangelien an einigen Stellen zu ergänzen und zu erläutern.

Durch Erinnerungslücken der Evangelisten sowie durch kleine Fehler bei den Übersetzungen sind im Neuen Testament einige Stellen der Berichtigung bedürftig.

Matthäus 10/34: »Ihr sollt nicht wähnen, daß ich gekommen sei, Frieden zu senden auf die Erde. Ich bin nicht gekommen, Frieden zu senden, sondern das Schwert.
Denn ich bin gekommen, den Menschen zu erregen wider seinen Vater und die Tochter wider die Mutter und die Schwiegertochter wider ihre Schwiegermutter. Und des Menschen Feinde werden seine eigenen Hausgenossen sein. Wer Vater und Mutter mehr liebt denn mich, ist mein nicht wert« usw.

Nicht dieses waren meine Worte. Ich sprach: »Ich bin nicht gekommen, die Welt zu beruhigen, ich bin gekommen, sie zu erregen. Ihr, die ihr mir angehört und an mich glaubt, bekennt euch zu mir, wo immer ihr im Leben steht. Bekennt euch zu mir und verleugnet mich nicht. Seid ihr im Kreise eurer Angehörigen allein mit eurem Glauben, so kämpft mit des Wortes Schwert aus des Herzens Überzeugung für die Wahrheit meiner Lehre. Kämpft selbst, wenn es nötig ist, gegen Vater und Mutter, Schwester und Bruder, gegen all eure Hausgenossen, bis ihr deren Unglauben besiegt habt.

Niemand liebt euch tiefer, als ich euch liebe. Erwidert ihr meine Liebe, so werde ich es euch vergelten, wenn ich dereinst vor dem Vater stehe. Folget mir! Ich führe euch den richtigen Weg. Ein jeder sei stark in seiner Seele, denn ich bin mit ihm.

Beweist es mir, daß ihr meiner Liebe wert seid. Ich gebe euch mehr als Vater und Mutter, Sohn und Tochter euch zu geben vermögen. Wer mich aufnimmt, nimmt auch den auf, der mich gesandt hat, und sein Lohn ist ihm gewiß.«

So, in diesem Sinne waren meine Worte. Ich predigte sehr, sehr viel, doch dieses waren in diesem Zusammenhang meine Grundgedanken.

Erläuterungen zur Bergpredigt:
Die Bergpredigt ist im wesentlichen gut und richtig aufgezeichnet worden. Es sei dazu noch gesagt, daß sie bedeutend inhaltsreicher war.

Zu Matthäus 5/3:
»Selig sind, die da geistig arm sind, denn ihrer ist das Himmelreich.« Dieser Satz muß erläutert werden.

Die Gedanken der Wissenden sind gefährliches Gut, denn sie lenken ab vom reinen Gefühl. Die Gefühlsreinheit sollt ihr bewahren! Durch den Versuch, nur mit dem Verstand einzudringen in die Geheimnisse der Schöpfung, bereitet ihr euch nicht den Weg zu Gott. Ist euch ein klarer Kopf gegeben und die Fähigkeit, scharf zu denken, so werdet ihr den guten, einfachen Weg zu Gott verfehlen, wenn ihr eure Seelen nicht im Gleichklang mit dem Geist schwingen laßt.

Der Verstand ist oft im Widerstreit mit der schlichten Eingebung des Gefühls. Die Schärfe des Gedankens vermag nicht zu durchleuchten, was die Empfindung aufnimmt.

»Selig sind die geistig Armen« hat einen tieferen Sinn und soll nicht heißen: Dummheit sei eine ‚Eintrittskarte' für den Himmel. Die Einfachheit des Fühlens aber bewahrt euch alle. Ein starker Erbauer der Herzen ist der schlichte, einfache

Glaube an Gott, der keine Erklärung sucht. Kein Für und Wider stehe diesem einfachen, sicheren Fühlen entgegen.

»Selig sind, die da Leid tragen, denn sie sollen getröstet werden.« Dieses Wort will ich euch beschauen lassen.

Die höchste Begnadung des Himmels erfahren diejenigen, die Leid tragen auf Erden und dabei reinen Herzens bleiben. Geht ihr durch ein Erdenleben des Elends und Leids und bewahrt ihr euch darin in tiefer Demut des Herzens die Reinheit der Seele, so werden eure Leiden im Himmel durch Freuden der allerherrlichsten Art tausendfach aufgewogen. Seid ihr etwa hier durch ein hartes Los geschädigt, ist euch etwas Furchtbares geschehen, gehört ihr zu den Menschen, die das schwerste Unglück traf, und ihr bewahrt die tiefe Gebundenheit der Seele an Gott, so werden euch die herrlichsten Schenkungen zuteil, sobald ihr diese Erde verlassen konntet.

Es liegt im Herzen eines jeden die Liebesstrahlung Gottes. Nichts geschieht, das der herrliche Gott nicht sieht. Schenkt euch ihm in Freud und Leid, und ihr geht ein in die ewige Seligkeit.

Seht, es ist gegen manche Strömungen des Schicksals nichts Irdisches zu bewirken. Es gibt Leiden, die müssen einfach hingenommen werden. Denkt an jene eurer Schwestern oder Brüder, die das harte Schicksal erdulden, in schwerster Weise am Leibe geschädigt zu sein. Denkt an jene, die sich der Erblindung ergeben mußten, an jene, die der Lepra zum Opfer fielen, an jene, die ohne des Leibes Vollständigkeit geboren wurden, an jene, denen ein schwerer Unglücksschlag des Lebens blühende Freude zunichte machte. Seht, es ist der Erde Weg beschattet, doch er führt zum Licht der ewigen Seligkeit.

Die da Leid tragen, werden getröstet in einer Weise, wie sie der zärtlichste Liebende nicht erträumen kann. Zeigt eurem Gott die Reinheit eurer Seelen und des Herzens tiefe Bindung an Jesus Christus, und ihr werdet selbst im schwersten Leid den Zustrom von Begnadung erfühlen. Im Himmel aber wird euch des Gottes Liebe in wunderbarster Weise für alles Erdenleid entschädigen.

»Selig sind die Sanftmütigen, denn sie werden das Erdenreich besitzen.« Dieses Wort kann mißverstanden werden.

Ich baute auf die Sanftmut, die des Herzens zarte Empfindungen einfügt in des Gedankens Bildung. Ich baute auf die Menschen, die nicht mit roher Gewalt des Zaumes Zügel an sich reißen. Ich baute auf die Menchen, in deren Seelen der Glanz des Zarten liegt. Dieses war mein Bild. Sie sollten mächtiger werden als jene, die in roher zerstörerischer Erhebung sich des Erdenreiches bemächtigen wollen.

Nur demjenigen wird diese Erde zuteil, der sie in seinem Inneren erfaßt. Nur demjenigen wird sich die Schönheit der Welt erschließen, der sie in seiner Seele aufnimmt. Nicht, wieviel ihr gesehen habt auf dieser Erde, ist wichtig, sondern w i e ihr es gesehen habt. Selig also sind die Feinfühligen, denn sie besitzen das Erdenreich.

Alle weiteren Sätze der Bergpredigt sind nicht der Erläuterung bedürftig.

Kulturverfall

Ein neues Menschengeschlecht soll entstehen, denn ihr seid nicht Gottes höchstes Ziel. Ein Bauwerk, das zerbröckelt, seid ihr, ein schlechtes, von Gewürm angefallenes, in Zersetzung befindliches Bauwerk im Städtebild der göttlichen Welt. Fast wäre ich geneigt, euch dem Einsturz zu überlassen, da ihr es besser nicht verdient hättet.

Ihr erstandet als besitzende, göttliche Wesen mit den Erfahrungen der Jahrtausende, lebt in der bestehenden Ordnung einer ererbten Kultur, seid beschenkt mit Geist und Verstand, erblickt der Sterne ewiges Licht, und der Sonne Strahlen bescheinen euch. Ihr lebt als freie, denkende, wissende Menschen — und überlaßt euch der Verderbnis!

Ihr seid bereits in einem Zustand von Verfall, daß die Götter erwogen, euch absinken zu lassen und dem völligen Untergang anheimzugeben. Doch der Sterne gewaltige Engel sind gebunden an des Gottessohnes Gebot. Erstärken werde ich eure Seelen und die grauenhaften Geschehnisse des Zerstörungsvorganges bannen. Die Katastrophe des Erdunterganges, die ihr heraufbeschworen habt, werde ich abwenden. Ihr sollt nicht im Grauen der Atomkriege ausgelöscht werden. Des Gottes Sohn wird die absterbende Erde dem Vater erretten. Seht darin eine Gebetserfüllung. Ein Gebet der Verzweiflung aus den Seelen der Gebenedeiten, aus Milliarden von Engels- und Menschenseelen drang in das Sternenreich Gottes. Es hieß: »RETTET DIE ERDE!« Der Geist des Kosmos gibt seine Begnadung, der Sohn des Gottes gibt seine Liebeskraft, und die Engel der Sterne, durch der Gottheit Erlaß dazu bestimmt, steuern nun dem Strom des globalen Absinkens in die Verderbnis mit aller Macht entgegen.

Ihr seht, daß die Liebe und Gnade Gottes stärker ist als die Gerechtigkeit der Sterne, die euch den selbstgebahnten Weg zum Untergang gehen ließe. Verdient habt ihr die Gnade nicht, ihr Menschen dieses Jahrhunderts, doch ist der Sog in die Entgleisung noch nicht so stark, daß er alle mitreißen konnte. Die edlen Seelen unter euch, die aus der Menge der schwachen und minderwertigen emporragen, geben den Abglanz der göttlichen Liebe zurück an den Himmel. Sie sind die Lebenden der Erde, die Gottes Sohn auserwählt zur Erleuchtung der anderen. Erleuchten will ich euch, meine Menschen, erleuchten!

Gebt acht: ein starkes Streben nach Reinigung werdet ihr bemerken. Ein vielfaches Erglühen der Herzen in Sehnsucht bemerken wir. In Sehnsucht nach Erschaffung eines anderen, einfachen, besseren und natürlicheren Lebens, eine Sehnsucht nach Harmonie und Schönheit und nach der Geborgenheit in der Liebe Gottes. Ein Begehren der Suchenden ist des Erlösers Erscheinen auf dieser trostlosen Erde. Und dieses ist geschehen!

Mit aller Kraft, o meine Menschen, werde ich mich für die Erhaltung der Erde und für die Erhöhung und Glücksbereitung eurer Seelen einsetzen. Mit aller Kraft!

Dieses Buch ist nur ein Anfang. Alle, die glauben, es gäbe keinen Gott, werden gegen ihre geistige Grundeinstellung überzeugt davon, daß sie sich irrten. Sie werden überzeugt, und die Erleuchtung bringt die Liebe, und die Liebe errettet die Erde.

Ein Grauen ist der Götterwelt der Zustand von Ernüchterung und Kälte in euren Seelen. Ihr seid Erben einer heiligen Kultur und gebt der eingedrungenen Macht der wenigen, die wie ein Krebsgeschwür der Menschheit wirken, alle Mittel in die Hände zur Ausübung ihrer zersetzenden Tätigkeit.

Es ist nicht ausgeblüht, was ihr an Blühendem besessen habt; es ist nicht eingegangen, es ist nur durch wucherndes Unkraut an der Entfaltung behindert. Höchste Zeit ist es, daß ihr euch darauf besinnt, was der Himmel euch für Gaben zuerteilte. Geht nicht als Zerrbilder den Weg durch dieses Leben. Erschaudert sehen die Götter der Sterne, wie ihr die Geister des Niedergangs begünstigt. Gleichgültigkeit, Dummheit und Unsicherheit setzt ihr dieser systematischen Kulturvernichtung entgegen, die euch allen als Auswuchs einer geistig-seelischen Erkrankung, als Beleidigung der göttlichen Gesetze erkennbar ist.

Es ist niemals ein destruktiver Geist aus der Seele eines Engels beeinflußt worden. Undurchlässig und taub ist dieser der Eingebung seines Schutzengels gegenüber. Aus der eigenen Niedrigkeit schöpft er die Dinge seiner Selbstdarstellung. Die Auswüchse seines beschränkten Gehirns bietet er euch an als Erscheinungsbild menschlicher »Kultur« und »Kunst«, mit dem einzigen Wunsch, euch auszurauben.

Erbaut euch wieder eine gesunde, blühende, herrliche Welt der Gebundenheit an Gott, meine Menschen!

Erdentod und Auferstehung

Die Angst vor dem Tod ist ein Gesetz der Natur, also ein heiliges Gesetz des kosmischen Geistes. Eine Notwendigkeit zur Erhaltung des irdischen Lebens ist diese ungeheure Angst vor dem Sterben. Sie ist eingegeben in alle Geschöpfe als bestanderhaltende Gewalt.

Der glutvolle Lebensdrang in euch bewirkt allein, daß alle Störungen dieses Daseins hingenommen werden. Ihr sollt euer irdisches Leben als das höchste, wertvollste Gottesgeschenk erachten. Ihr sollt den Leib, der die Seele umhüllt, niemals schädigen durch Mißachtung. Erkennt in diesem irdischen Sein aber das große, seelenbereitende Glück des unfaßbaren Wunders der Auferstehung. Es sei euch gesagt, daß ihr dieses allerhöchste Glück des neubeginnenden Lebens im Augenblick der Ablösung eurer Seelen vom erstorbenen Leib in der größten Vorfreude erwarten sollt.

Niemand, der seine Seele rein weiß, ängstige sich mehr vor dem Tode! Ihr, die ihr alt seid oder krank, erwartet in der größten Ruhe und Bereitschaft das erahnte Ende. Klammert euch nicht in Verzweiflung an dieses irdische Leben; seht, ihr entledigt euch nur eines Gewandes, das euch umhüllte — nichts anderes ist der Tod.

Ihr, die ihr nach Gottes Geboten gelebt habt, glanzerfüllt sind eure Seelen, da ihr erwacht und die Augen öffnet. Ihr blickt in ein Antlitz von wunderbarer, himmlischer Schönheit, und ihr erkennt euren Engel in seiner herrlichen, prächtigen Gestalt. Seine Arme umschließen euch in Zärtlichkeit und, durchströmt von seiner Liebe, erfühlt ihr eine Seligkeit, die zu beschreiben selbst mir nicht möglich ist.

Blickt, ihr Menschen, dem gefürchteten Tod in allergrößter Freude entgegen!

Es ist erstanden des Gottes Sohn, und er hat euch allen den Weg bereitet.

Sterben ist Anbeginn des Lebens.
Sterben ist nur ein Schatten, der zum Licht führt.
Sterben ist sanftestes Erwachen

in den Armen eines Engels,
seligstes Erkennen der Liebe Gottes,
allerhöchstes Glück der Auferstehung.

Ewige Seligkeit – was ist das?

Ihr Menschen hört viel von der Seligkeit im Himmel. Der Seelen Weiterleben in einer Welt des Lichts scheint euch gut denkbar, aber das Glück des ewigen Lebens ist die schwierigste Erbauung Gottes gewesen; denn Glück ist wie Licht, und nur durch den Schatten erkennt man die Schönheit des Lichts, nur durch den Kontrast die Form des Seienden, die Gestalt aller Dinge. Daher ist Gottes starkes Lieben nicht möglich ohne Strenge, ein ewiges Leben nicht möglich ohne Ordnung, ohne Gesetz.

Die Erbauung der jenseitigen Welt geschah in allerhöchster göttlicher Weisheit. Auserwählte Engel der Sterne begnadete Gott mit der Aufgabe der Bereitung und Erhaltung der Staatsordnung, die des ewigen Lebens Grundlage ist, Grundbedingung eines Daseins, das nicht beendet werden kann durch den Tod. Diese Ordnung ist anberaumt in wunderbarster Weise. Seraphine stehen als erhabene Lenker der Seelenmenschheit im Dienste des Schöpfers. Sie erbauen und erhalten der Menschen ewiges Glück. Das Erblühen des Glücks aber ist nur möglich, wo Arbeit Glanz in die Herzen bringt, wo Aufgaben zu erfüllen sind und wo Abwechslung gegeben wird. Ein eintöniges Dasein in Untätigkeit wäre selbst im allerherrlichsten Paradies auf längere Zeit hin unerträglich.

Es ist die große Aufgabe der Engel, der Menschen Leben zu erstraffen. Sie sind Schicksalslenker im Jenseits, Erbauende

der Einzelschicksale, dort, wo es kein Leid und keine Gefahren gibt.
Die Zeit ist im Jenseits etwas anderes als hier. Zeit ist ein Begriff, der Anfang und Ende voraussetzt. Wir haben nur den Anfang, die Geburt sozusagen, also den Einzug in dieses jenseitige Leben, aber keine Abgrenzung der Zeit. Es steht dem Leben kein Ende entgegen, dadurch werden die Erlösten von einer seligen Ruhe und Gelassenheit erfüllt. Dieses Wissen um die völlige Sicherheit würde auf die Menschen sehr ungünstig wirken, wenn sie sich selbst überlassen dahinlebten. Sie würden sich gegenseitig durch Übellaunigkeit das Leben unerträglich machen, wenn sie nichts anderes zu tun hätten, als unentwegt glücklich zu sein. Glück ist, wie schon gesagt, dem Licht vergleichbar, das die Wirkung des Schattens braucht.

So sollt ihr es begreifen, daß Gottes Seraphine sehr, sehr nötig sind für der Menschen Lebensglück. Sie sorgen dafür, daß jeder einzelne ständig erschaut wird, ähnlich wie hier. Man denke nun nicht an eine Kontrolle der Seelen gewaltstaatenähnlicher Gepflogenheit, wie sie in utopischen Erzählungen geschildert wird. Eine Beobachtung der Liebe ist es, die den Menschen auch in der jenseitigen Welt zuteil wird. Entstehen im Menschen Gefühle der Ermüdung mit den Erscheinungen der Wesensveränderung, wird für Abwechslung gesorgt durch Entzug des Gewohnten, durch gesetzmäßige Gewalt. Schicksale werden gelenkt, Beziehungen verändert, Aufgaben gewechselt und bereinigende Umstellungen vollzogen.

Die jenseitige Welt ist ausgestattet mit derselben Zusammengehörigkeit der Elemente wie die Erde. Also wir haben im Himmel auch eine herrliche Pflanzen- und Tierwelt. Das aber ist anders als auf Erden: im Jenseits bestehen die Tiere ohne die Notwendigkeit der gegenseitigen Tötung. Die Tiere der Erde sind seelenformende Urbilder, daraus die glücklichen Arten der jenseitgen Formen erwachsen. So stehen diese schönen göttlichen Gedanken in ungeheurer Vielfalt im jenseitigen Leben ohne die Gebundenheit an die Naturgesetze der Erde. Seht, die Schöpfung der Erde mußte sich den irdischen Lebensbedingungen anpassen. Im Jenseits hat Gott ganz andere Möglichkeiten, die aus dem Diesseits übernommene Tierwelt zu erhalten und glücklich werden zu lassen.

Katzen etwa, die hier die Mäuse als Spielzeug betrachten und sich dieser Geschöpfe als Nahrung bedienen, sind oben genauso anmutig und spielfreudig, doch spielen sie nicht mit Lebewesen, sondern mit Dingen, die eine blühende Natur zur Erhaltung der Lebenslust schenkt.

Erglänzend im sphärischen Schimmer der Schönheit bereitete Gott eine bezaubernde Welt aus abertausend Wundern, in die er die Tierwelt einbezog. Abertausend Wunder sind in der jenseitigen Welt für Mensch und Tier bereitet aus Gottes Liebe zum Leben.

Alle Lebewesen dort ernährt die Natur, die in einer Üppigkeit blüht und wächst, wie sie Gott im Gebiet der schweren Materie nicht erschaffen konnte, eine Natur, die die herrlichsten Stärkungsfrüchte trägt in einer Vielfalt, wie ihr sie euch nur in den märchenhaftesten Träumen vorstellen könnt.

Ihr müßt es so sehen: Die Seele ist ganz Abbild des Körpers. Jede Zelle des irdischen Leibes liegt im Seelenleib. Wie ein Strahlengerüst liegt die Seele in eurem irdischen Körper. Ohne dieses seelische Grundgerüst in euch könntet ihr nicht leben. So ist es gegeben, daß alle Funktionen des irdischen Leibes übernommen werden in das Leben des jenseitigen Seins.

Ganz und gar menschlich, natürlich, realistisch wird in Gottes Staat gelebt. Die Tierwelt ist den Menschen zur Freude eingereiht im Lebensraum der lichten Sphären. Ganz entzogen sind den Seelenmenschen irdische Triebe, wie die Lust am Jagen und Töten. Die Tiere bestehen, um durch Anmut und Schönheit, Zuneigung und Liebe, Spieltrieb und Fröhlichkeit zu entzücken und den Menschen die Erkenntnis der Einheit, Gebundenheit und Zusammengehörigkeit der ganzen Schöpfung zu schenken.

Die Seligkeit des ewigen Lebens ist bereitet und gesichert durch die Staatsordnung der Engel. Die ganze jenseitige Welt ist dieser Ordnung anheimgegeben. Erdähnliche Wirrungen gibt es nicht. Erbaut sind die Welten in vielen Gebieten durch die Menschen selbst. Dieses ist eine Geschichtsbeschau. Die erdähnlichen Reiche der Seligen wurden durch die Generationen der Erdbewohner, die aufstiegen, in herrlichster Weise aufgebaut. So sind den Menschen aus den Geschlechtern aller Zeiten Erinnerungsstätten gegeben.

Ein großes Wunder der Sterne ist das Geheimnis der Erinnerung Gottes. Göttliche Gedanken gehen niemals unter. Daher haben wir in den Sphären auch Städte der Erde aus der Antike, aus vorzeitlichen Kulturen sogar.

Wir haben auch das Wunder der Lichtabspiegelung aller Gottesgedanken in Leichtmaterie der ewigen Bauart.

Es geht nichts verloren, was aus Gottes Geist entsprungen ist. Vergangenheit der Erde ist bleibende Gegenwart. Die Seligen sind aller Zeit enthoben.

> Seliges Dasein ist Bestehen in Schönheit.
> Ewigkeit ist Bewegung ohne Zeit.

Zeit ist gebunden an Ende, an Untergang, an Tod. Wir haben kein Ende, keinen Tod. So also erstirbt die Zeit in der Ewigkeit. Es bleibt die Bewegung, denn nichts ist Stillstand.

Gottes Geist ist Erregung. Alles durchflutet diese Erregung. Erhielte nicht das ganze Sternenall die Schwingungen der Gotteskraft, würde alles Leben erstarren.

Zeitlos also leben die Seligen, durch göttliche Impulse wunderbar angeregt und ständig erfrischt. Doch gehen die Stunden auch im Sternenraum der jenseitigen Daseinswelt dahin. Die Sterne stehen nicht still, der Himmel erhebt sich und senkt sich im Rhythmus der Ewigkeit.

Ein Zeitstrom der gleichmäßigen Erregung fließt durch das Weltall. Es ist wie ein Ein- und Ausatmen des Kosmos. Diesem Rhythmus ist alles jenseitige Leben unterworfen. So ziehen sich die Bänder der Geschichte durch das Leben im Gleichmaß der Bewegung. Lebensaufgaben werden erfüllt, neue gestellt und wieder erfüllt — niemals ist Stillstand.

Auch in der jenseitigen Welt strahlen Sonnen auf die Planeten ein. Abwechslung bringen die Perioden der Annäherung und der Entfernung, so daß auch im Lebensraum der Seligen Winter und Sommer gegeben sind.

Schönheit entsteht allenthalben, wo Gott sich ergeht. Seht, wie schön sind auf Erden Gottes Geschöpfe, eingebaut in die Bedingungen des irdischen Daseins! Wie schön sind die Gestalten der zeitgebundenen Wesen, Erbende wunderbarer göttlicher Ideen! Gehen diese Ideen ein in die Sphären des überirdischen Seins, gehen sie ein in das Gebiet des ewigen Lebens: aller zeitgebundenen Unvollkommenheiten werden sie enthoben.

Erstrahlen die seligen Wanderer durch die Ewigkeit im Glanze Gottes, so stehen sie doch auch im strengen Gebot seines Willens. Gottes Wille ist allerhöchstes Gesetz.

Alle Menschen im Diesseits wie im Jenseits werden erschaut. Ein allumfassendes Bild der Seele des Erdenmenschen wird bereitet durch die ständige Beobachtung seiner Gedanken, seiner Worte und seiner Handlungen. »Gott hört und sieht alles«, ist kein Kindermärchen, es ist Wirklichkeit. So ergibt es sich, daß sich der Seele Wert oder Unwert durch des gesamten Lebens Betrachtung und Prüfung herauskristallisiert.

Die Seligen sind als hochwertige Erlöste eingegangen in den Himmel. Ihre Seelen werden dort nicht mehr nach Wert oder Unwert geprüft. Sie sind auf alle Zeiten erlöst, also befreit von der Wiedergeburt. Selbständig leben sie und frei. Niemand bedrängt sie mit Anordnungen, und doch werden die Schwingungen ihrer Herzen beobachtet. Diese Schwingungen werden von besonderen Empfängern entgegengenommen. Es ist dies eine Art Gesundheitskontrolle der Seele.

Ist ein Mensch in seiner Seele belastet, gehen seine Empfindungen als Störungsmeldungen ein, dann wird in sein Leben eingegriffen. Die des Seelenmenschen Glück gefährdenden Eigenschaften werden erlichtet, und gesetzgebende Engel schalten sich ein.

Ein starkes Band der Liebe vereint alle Jenseitigen, und doch ist eine Glücksgefährdung möglich. Ermüdungserscheinungen im gegenseitigen Beisammensein können auftreten, Störungen auch durch Gefühle des Überdrusses der gewohnten Tätigkeit gegenüber und dergleichen mehr. In göttlich strenger Gerechtigkeit wird in solchen Fällen durch den Entzug des gewohnten Alltagsglücks ein neues Lebensglück erbaut und der Mensch durch Schatten wieder zum Licht geführt. Es werden der Engel Anordnungen gar nicht bemerkt. Schicksalshaft zwingende Umstände und Ereignisse geben dem Leben Auffrischung und Stärkung.

Gottes Liebe und Gottes Weisheit stehen sternenhoch über allem, was Menschen zu denken und zu begreifen vermögen.

Sterne – Götter – Engel

Zeit und Ewigkeit stehen zueinander wie die Sterne der schweren Materie zu den Sternen des geistigen Seins. Ereignisse im galaktischen Weltgeschehen sind euch ermeßbar. Ihr errechnet Lichtjahre, erschaut mit euren Augen Ereignisse, die sich vor Jahrmillionen abspielten, erkennt Sternneubildungen und Sternuntergänge und zieht aus allem, was ihr begreift, den Schluß, daß sich der Kosmos in ungeheurer Geschwindigkeit ausdehnt.

Es ist des Weltalls schwerer Körper, den ihr erschauen könnt; des Weltalls Seele, die geistige Seinswelt seht ihr nicht. Sie ist eingebaut im Leib des Kosmos wie die Seele im Körper des erdgebundenen Menschen. Die geistige Welt ist es, die ihr nun mit dem Sichtbaren in Einklang bringen sollt.

Ein vergangenes Menschengeschlecht hat es schon vor Jahrtausenden erfahren, daß Sterne beseelt sind. Ich will dieses Wissen erneuern.

Die eurer Erde benachbarten Planeten sind Erhalter der göttlichen Gewalt. Sichtbar im Kern, tragen sie eine euch unsichtbare Umhüllung, darauf sich der Engel Machtbereiche befinden. Alle Sterne sind aneinander gebunden durch geheimnisvolle Strömungen, ein Gewebe aus Strahlen umfließt sie, Zeit und Ewigkeit in sich bergend.

Gutes und Schweres bringen euch Menschen die Sterne. Vom Anfang bis zum Ende des Lebens bestrahlen sie euch, von göttlichen Geistern gelenkt. Diese erzogen Geschlecht um Geschlecht, brachten durch Abbruch der Stauungen einer untätigen Natur des Lebens Strom zum Fließen, entbrannten der Seele Glut zum Feuer der Temperamente, standen bereitend über Schicksalen von Völkern, erhoben und vernichteten, stürzten um und bauten auf, straften und belohnten, entzogen und beschenkten, segneten und begnadeten und bauten so der Menschen Seelen auf in Jahrtausenden.

Sterne — Götter — Engel: allesbereitende Lebenskraft des einen, allerherrlichsten Geistes, den wir Gott nennen.

Gott: Sein Gefühl, Sein Wille, Seine Liebe wirken durch der Sterne wunderbare Zusammenhänge auf euch ein. Er spiegelt sich, aufgefächert in der Engel Bereitungen, wie der Sonne Glanz in den Meereswogen. Und der Erde Unvollkommenheiten versinken im Nichts vor der Ewigkeit Seiner ins höchste vollendeten Schöpfung des geistigen Seins.

Daß Zusammenhänge bestehen zwischen Kosmos und Schicksal, weiß die Menschheit seit langem.

Die Sternbilder, die ihr kennt, haben eine starke Ausstrahlung auf euch, doch sind es nicht die Sterne, Sonnen und Planeten, sondern große göttliche Geister, die von dort aus auf euch einwirken. Diese Geistwesen sind dienende Kräfte Gottes. Sie gleichen in Gestalt und Antlitz den Göttern der Antike. Es wurden von den Menschen vergangener Kulturepochen einige von ihnen erkannt. Nicht erkannt wurden die großen heiligen Zusammenhänge. Gott hat keine Götter neben sich, alle göttlichen Geister stehen unter ihm.

Beim Anblick des Sternenhimmels sollt ihr euch dessen bewußt werden, daß allenthalben Gottes Söhne und Töchter auf euch herniederblicken, jene Schicksalsengel, die wir auch »Sterngötter« nennen, weil sie besondere Aufgaben erfüllen. Auch Richter sind unter ihnen und Abgeordnete des Rechts. Daß man schon in früheren Zeiten die Richter »Götter« nannte, wißt ihr aus den Psalmen*.

Die Götter der Geschichte, deren Namen wechselten, waren erhabene Geister des Himmels, die sich den Strömungen der von Gott gelenkten Sterne einfügten. Menschliche Irrtümer und Mißverständnisse durch Fehldeutung übersinnlicher Wahrnehmungen, die sich in grausamen Tieropfern** und sittenwidrigen Kulten auswuchsen, bewogen Gott, den Götterglauben ganz auszulöschen.

* Psalm 82: Gott tritt auf in der Gottesversammlung, inmitten der Götter hält er Gericht.

** Gottes Ablehnung der Tieropfer findet auch in den Psalmen Erwähnung:
Psalm 50: Der Herr, der Gott der Götter, spricht und ruft die Erde an von Sonnenaufgang bis zum Niedergang.
9: Ich nehme den Jungstier aus deinem Stall nicht an, nicht Böcke aus deinen Hürden.
10: Mir gehört ja alles Wild des Waldes, die Tausende von Tieren auf meinen Bergen.
13: Esse ich etwa das Fleisch von Stieren, oder trinke ich das Blut der Böcke?
14: Bringe Gott Dank als Opfer dar und entrichte dem Höchsten deine Gelübde.

Doch der Engel Herrlichkeit strebt über die Jahrtausende hinweg dem hohen, heiligen Ziel einer reifen Menschheit entgegen.

Glück und Unglück, Freud und Leid, Schmerz und Lust werden euch Menschen dieser Erde zugeteilt nach Maß und Bereitung der ewigen Schicksalslenker.

In der Folge dieser Berichte sollt ihr einige dieser erhabenen Geister des Himmels, die den heiligen Willen unseres Schöpfers ausüben, kennenlernen.

Erscheinungen von Sterneinstrahlungen vermutet ihr, wenn ihr in euren Horoskopen forscht. Dies also soll euch nun dargelegt werden: Gottes Beauftragte sind die gewaltigen Engel der Sterne. Sein Gebot erfüllen sie, sein Geist durchströmt sie, und alle zeugen bei größter Strenge und in einer Gerechtigkeit, die über den irdischen Lebensläufen steht, von seiner in die Ewigkeit hinaus strahlenden Liebe zu euch.

Geht ihr durch dieses Leben, ohne euch mit schweren Sünden zu belasten, habt ihr die Möglichkeit, euch die Gunst und Neigung der Schicksalsengel zu gewinnen. Ihr dürft zu ihnen sprechen und sie um Hilfe bitten, jene, die den Wunsch nach Geheimniseröffnung geäußert haben, die also nicht länger in der Verborgenheit des Sternenalls beharren möchten.

Es sind nur einige von ihnen, die den Gebeten der Menschen entgegenkommen, die sich an Gott mit der Bitte wandten, euch erlichtet zu werden. Nur einige — die anderen wollen dies nicht. Jene aber, die im Gebet von euch angesprochen werden möchten, wünschen in den kommenden Zeiten den persönlichen Kontakt zu euch, damit sie stärker auf eure Bereinigung einwirken können, denn es geht um die Bereinigung eurer Seelen, eurer Gehirne und eurer Herzen und um die starke Gebetskraft, die ihr ausnützen sollt.

Es sei euch nun erklärt, wie ihr beten sollt: Wendet euch immer zuerst an Gott den Herrn, den Schöpfer allen Lebens. Sendet ihm die Strahlung der Liebe aus euren Herzen und bittet ihn dann um Erhörung durch jene Engel, an die ihr euch im Einzelfall zu wenden wünscht. Das Geheimnis der Stärkung ist durch diese Art des Gebetes anbereitet. Gebt den Sterngöttern über euch die Gewalt der Änderung eines bestimmten Zustandes in eurem Geschick durch den Strom der Geistesverbindung mit ihnen. Es ist ein Geheimnis, das ich euch offenbaren will: Kein Geist des Himmels zeigt gegenüber einer menschlichen Bitte Abwehr. Eine Bitte, aus tiefster Seele gesprochen, dringt immer in die Herzen der Engel ein, berührt sie immer. Sie streben dann eine Erfüllung an, die im Bereich des euch erstellten Lebensschicksals ausgeführt werden kann, und erwägen im Kreis der Ermächtigten eure Gebete. Die Sternströmung, die gerade auf euch einwirkt, kann geändert werden. Eure Sterne liegen nicht gefestigt über eurem Schicksal, sie sind beeinflußbar. Erscheint euch eine Schicksalsfügung zu hart, dann gibt es Erleichterungsmöglichkeiten durch die starke Bindung eurer Seelen an Gott. Selbst das schwerste Lebensgeschick kann Erleichterung erfahren durch die Stärkung eurer Seelen.

> Erblüht, meine Menschen, dem Gott der Sternenwelt, dem Gott der Liebe, als der schönste, herrlichste Blumengarten! Und wie die Blumen sich erschließend der Sonne zuwenden, so wendet eure Herzen dem Licht des Heiligen Geistes entgegen. Öffnet euch dem Glanz des Himmels, ihr Seelen der Unsterblichkeit!

Krankheitsbekämpfung durch geistige Helfer
Sixtus

Ein starker, für euch alle sehr, sehr wichtiger Sterngebieter ist es, den ich euch als ersten der himmlischen Geister vorstellen möchte. Er steht als Schicksalsengel auf der Einstrahlungswelle, die aus dem Sternbild der Fische auf euch herniedergeht. Sein Name ist Sixtus.

Ein strenger, Gehorsam gebietender Gottessohn ist er. Seine Gestalt ist erhaben anzusehen, gehalten im Schönheitsbegehren unseres Schöpfers. Sein Antlitz ist von einer Ausdruckshoheit, die sein Auftreten im Kreise der Götter zu einem erregenden Erlebnis macht. Stellt euch die Sterngötter nicht vor wie die Engel in euren Bilderbüchern. Die Schicksalsengel sind den Göttern der altgriechischen Darstellungen ähnlicher, und doch sind auch diese nur kärgliche Andeutungen der erhabenen Schönheit der Söhne und Töchter unseres Gottes. Ein ausgebreiteter Glanz liegt über ihnen, in allen spiegelt sich Seine Hoheit wider.

So denkt euch Sixtus von sehr männlicher Erscheinung und Erhabenheit des Audrucks. Seine Augen, die in glücklichen Stunden wunderbare Wärme ausstrahlen, sind von buschigen Brauen überschattet. Sein Mund zeigt eine strenge Herbheit, die im Gegensatz zum warmen Ausdruck seiner Augen steht. Wenn Sixtus aufbraust im Zorn, dann aber sprühen seine Augen Funken, die keinen, der seinen Unwillen erregte, sich entwinden lassen.

Sixtus ist der höchste Arzt in der jenseitigen Welt. Wir haben keine Krankheiten, keine Bazillen, keine Viren, aber wir haben auch Ärzte. Diese sind teils tätig im Sternbereich als seelische Betreuer in Aufgabengebieten, die ich euch hier nicht erläutern kann, andererseits sind sie für die Erde notwendig.

Es gibt ein gewisses, alles durchflutendes Dienen der Geisteskräfte, das ihr nicht kennt. So stehen eure Ärzte vielfach im Gedankeneinfluß jener geistigen Helfer. Diese geben durch Einflüsterungen in das Gehirn ihren Schützlingen erleuchtende Gedanken ein. Sie wirken, ähnlich wie die Schutzengel, neben diesen. Sie werden zur gegebenen Zeit von diesen angefordert.

Sind Ärzte der Erde jedoch in ihrer seelischen Substanz unrein, haben sie minderwertige Charaktere und lassen sie sich durch niedrige Triebe leiten, sind sie gottlos, im Gefühl kalt, stellen sie ihr eigenes Erdenglück über die Wertung der Nöte und Leiden ihrer Patienten, so verschließen sich ihre Gehirne den göttlichen Einstrahlungen gegenüber. Ich sagte es schon einmal: nur ein geöffnetes Gefäß kann gefüllt werden.

Nun aber ist es nicht so, daß nur die Ärzte solche Helfer zugeteilt bekommen. Ein jeder von euch kann um geistige Heilung bitten. Diese wird im Gleichklang mit der irdischen, medizinischen Behandlung ausgeführt.

Es gibt Sekten, die ärztliche Eingriffe verweigern, da sie die Ansicht vertreten, jedes Leid sei von Gott gegeben und müsse hingenommen werden. Diese Menschen befinden sich im Irrtum. Gott ist es, der den Menschen Geist geschenkt hat, der sie aufgebaut hat in ihren wissenschaftlichen Erkenntnissen. Ein Brachliegen des Geistes kann daher niemals Gottes Wunsch sein. Sein Streben ist es, die Seele des Menschen zur höchsten Reife zu bringen. Wenn Menschen sich daher sträuben, sich selbst oder ihre Kinder operieren zu lassen, wo dies die einzige Lebensrettung wäre, so berauben sie Gott der Ausreifung einer Seele.

Schicksalsergebenheit ist erst dann notwendig, wenn alle irdischen und alle geistigen Mittel der Heilung versagen. Erst dann füge sich der Mensch in sein unabänderliches Geschick.

Wenn ihr Menschen euch in Gesundheitsnöten befindet, so geht den gewohnten Weg zu euren Ärzten. Seid ihr in ärztlicher Behandlung, so wendet euch gleichzeitig an die Heilkräfte des Himmels. Wir stellen es millionenfach fest, daß Menschen, die erkrankt sind, sich in einer Art lähmender Ergebenheit in ihr Schicksal fügen. Sie haben sich so weit vom Glauben entfernt, daß sie gar nicht mehr daran denken, zu beten. Sie sind ausgeschlossen aus dem Kreis der Gesunden und bereiten sich durch Ängste und Sorgen zusätzlich zur Erkrankung schlaflose Nächte, die ganz und gar unnötig sind.

In größter Hoffnungslosigkeit befinden sich die an Krebs (oder anderen schweren Leiden) Erkrankten. Sie verhalten sich wie untergehende Schiffbrüchige, die gar nicht erst die Augen öffnen, um den Horizont nach Rettungsmöglichkeiten abzusuchen. Sie sind — nach der ärztlichen Diagnose: Krebs — wie von einem Hammerschlag getroffen und stehen fassungslos dem Entsetzlichen gegenüber.

Was man zur Heilung dieser Störung des Gewebes unternimmt, ist im weiten besehen richtig. Das entartete Gewebe muß entfernt werden. Doch bleibt auch dann die Angst vor einem Neuausbruch der Krankheit. Diese Angst aber ist es, die die Krankheit begünstigt. Hört nun, wie ihr euch in solchen Fällen verhalten sollt:

Im Sternenreich steht euch ein mächtiger Arzt zur Verfügung. Wenn ihr nun im Krankenbett liegt, so ergebt euch nicht der Angst. Stellt euch auf die Sternenhilfe ein, die euch in der größten Herzensliebe gewährt wird, wenn ihr meine Anweisungen befolgt. Gebt euch niemals dem Glauben hin, eine Krankheit sei unheilbar! Die schwersten Erkrankungen können geheilt werden, wenn nicht durch die irdische Medizin, dann im Einklang irdischer und göttlich-geistiger Heilmethoden.

Wenn ein Arzt einen Fall als hoffnungslos aufgibt, so ist er nicht genug an Gott gebunden. Ich spreche nun nicht von bereits Sterbenden, sondern von Kranken, die noch Lebensgeist und Frische in sich tragen. Der seelische Leib in euch kann durch irdische Krankheiten und Verletzungen nicht betroffen werden. Er bleibt im irdisch erkrankten Leib gesund. Wenn Sixtus oder ein geistiger Arzt von ihm gesandt euch behandelt, so macht er folgendes: Er strahlt das Organ in eurem Seelenleib an, das in eurem Erdenleib erkrankt ist. Durch die verstärkte Einstrahlung in das seelische Organ oder auf ganze Körperpartien, die gefährdet sind, wird euer geschwächter Körper aufgebaut. Die Zellen werden neu gestärkt, die Durchblutung wird angeregt, die Widerstandskräfte werden bedeutend gesteigert, und eine Reinigung wird vollzogen.

Dies ist das Geheimnis meiner Wunderheilungen, die ich als Gottes Menschensohn auf Erden bewirkte: Ich erflehte mir die stärksten Heilkräfte des Heiligen Geistes. Mein Gebet fand Erhörung und Erfüllung.

In diesem Zeitalter haben die Menschen sich abgelöst von Gott und sich dadurch der herrlichsten Hilfsströme beraubt, die der Kosmos zu geben bereit ist. Ihr steht auf einer Stufe der Entwicklung, die durch eine schwere Krise zur Reifung führt. Die Nationen der Erde sind noch in hartem Kampfesdrang gegeneinander eingestellt. Sie werden sich noch schwere Wunden schlagen. Aber diese Zeit geht zu Ende. Dann erblüht ein neues Zeitalter, darin die Gebundenheit der Seelen an Gott den Aufstieg der Menschheit ermöglicht.

Die Vorbereitung auf die Ära der menschlichen Gottgebundenheit beginnt jetzt. Jeder einzelne erhebe sich aus seiner Lethargie und steure diesem hohen Ziel entgegen! In jedem von euch ist eine Antenne, die Gottes Ströme entgegennehmen kann. Diese nehmt wieder in Benützung. Also wenn es auch in den Beziehungen der Großmächte zueinander noch gärt, wenn auch in den verschiedensten Erdteilen noch Kampfeshandlungen ausgeführt werden, so sei sich doch ein jeder seiner heiligen Bindung an Gott bewußt. Diese Bindung gibt ihm ganz persönlich die größte Lebenshilfe.

Der Stern Venus

Alemeila heißt die Engelstochter Gottes, die einst als Aphrodite erkannt wurde. Man gab ihr noch viele Namen, wie: Kypris, Paphia, Amathusia, Idalia. Ihr Stern ist die leuchtende Venus. Da die Liebe zwei Geschlechter vereint, hat Gott den Stern der Liebe einem Engelspaar unterstellt: Alemeila lebt in ewiger Gemeinschaft mit ihrem Gemahl Amerides.

Gottes Liebe ist unbegreifbar für euch Menschen. Sie strahlt in abertausend Strömungen auf euch ein.

Wie ihr euch an Sixtus in allen Gesundheitsnöten wenden dürft, so dürft ihr nun Alemeila und Amerides um Hilfe bitten, wenn ihr Probleme des Ehe- und Liebeslebens habt. Den Äußerungen der Gedanken stehen bisweilen Schamgefühle der Seele entgegen, die euch daran hindern, Maria, deren heilige Liebe in erhabener Reinheit über allem menschlich-sinnlichen Empfinden steht, im Gebet anzusprechen. An die hohen Liebenden des Himmels aber dürft ihr euch ohne Hemmung wenden. Sie verstehen jede Sorge, jede Bitte, jeden Wunsch, der sich auf der Liebe geschlechtsbedingtes Fühlen richtet. Den Anstand des Charakters, die Reinheit der Seele und des Herzens aber verlangen sie in höchstem Maße als Voraussetzung der Erhörung und Erfüllung eurer Bitten.

Ein Traumbild Gottes ist Alemeila. Die Zärtlichkeit seines Herzens ist in ihr Gestalt geworden. Weiblicher Hoheit ewiger Zauber geht von ihr aus. Sie ist die glücklichste Erfüllung göttlicher Sehnsucht nach Anmut und zarter Empfindsamkeit. Ihre wunderbaren Gedanken entzücken die Engel des Himmels, und die Gebärden der Demut, in welchen sie dem Vater huldigt, sind von unbeschreiblicher Schönheit. Von unbeschreiblicher Schönheit ist auch ihr Antlitz sowie ihre ganze Gestalt. Sie erscheint den Seligen wie eine Märchenfee. Der Zauber ihrer Ausstrahlung liegt im Glückesglanz der Liebe, einer Liebe, die sich im tiefsten seelischen Gefühl gleicherweise verströmt, wie im zartsüßen Begehren und Schenken der sinnlichen Empfindung.

Amerides ist geschichtlich erkannt als Gemahl der Aphrodite unter dem Namen Hephaistos, doch gaben ihm die Menschen durch Störung des Erkennens Züge, die er nicht besaß. Den körperbehinderten Hephaistos gibt es nicht.

Amerides ist schön wie der helle Morgen. Seine Liebe zu Alemeila ist heiligste Schwingung, sein Licht durchströmt ihr geheimnisvoll zartgründiges Wesen. In seiner sonnigen, frohen, heiter-bezwingenden Wesensart ist er ein Bild der göttlichen Lebensfreude, doch liegt auch tiefer Ernst und feinste Engelszartheit des Empfindens in ihm. Seine Gestalt ist groß und schlank. Er ist ungewöhnlich gewandt, denn er erzog seinen Körper in seiner Liebe zum vollendet Schönen zur höchsten Ausdruckskraft der Bewegung. Deshalb gebietet er auch über die sogenannte Muse der Tanzkunst, die ihr als eines der vielen Gottesgeschenke an die Menschheit erkennen sollt.

Engel sind die Götter und Musen der vergangenen Kulturepochen gewesen, denn Gott hat seine beschützenden und erziehenden Geisteskräfte immer schon auf die Erde gesandt.

Amerides gehört gemeinsam mit Alemeila zu den hohen Geistwesen des Himmels, die das Schönheitsgefühl der Menschen, die Liebe, die Kunst und die Kultur beeinflussen. Der Herzen zarteste Regungen werden durch Ausstrahlungen aus der Venus geistiger Sphäre gelenkt, doch auch der Leidenschaften Feuer entzündet.

Zeigen sich der Liebe erhabene Gefühle im Menschen gestört durch niedrige Gedanken, die aus dunklem Seelengrund sich erheben, sinnen die im geheimnisvollen Zauber der Liebe Gebannten Böses, stellen grobe Ausgeburten einer Liebesglut sich dar, wie Eifersucht und Haß, oder schreitet eine Seele durch den Sumpf sinnlicher Zersetzung, suchen trieberkrankte Menschen, schamgestört und gottesfern, auszulöschen ihre Glut in Perversion, dann erfolgt des Sternenpaares Abwendung. Auch der anderen Engel Schamempfinden ist beleidigt.

Menschen also, die die Grenzen der Natur nicht geheiligt halten und an Tieren oder Kindern sich vergehen oder dem Sadismus sich ergeben, beweisen der Seele Minderwertigkeit. Denn des Leibes Triebe kann des Menschen Wille bannen durch der Seele Hinwendung zu Gott. Und das Kranke solcher Neigungen ist heilbar durch Gebet.

Die Gesetze der Natur sind aus Gottes Geist geboren. Ordnung liegt im Aufbau allen Lebens — heiligt sie! Strebt nach Ordnung in des Lebens wie auch in der Liebe heilig Gut, die ihr Gottes Zukunftshoffnung seid! Seelische und körperliche Reinheit sei euch alle Tage selbstverständlich, und die Engel schenken euch in Gottes Liebe ausgewählte Schätze.

Der Stern Mars

Erwinius heißt der Engelssohn Gottes, der den erdnahen Mars beherrscht. Seine Aufgabe ist es, den Menschen Kraft zuzuströmen. Diese Kraft schöpft er aus Gott und leitet sie weiter in die Einzelschicksale, also den einzelnen Menschen zu.

Das Bild der Kraft ist seine Erscheinung. Gewaltig und herrlich steht er im Gremium der Götter. Er gehört dem Rat der hohen Mächte an, die über Zeit und Stunde walten. Nicht Kriegsgott und Vernichter ist er, jedoch Bezwinger aller Schwächen.

Mut und Herzenskraft schenkt Erwinius, Ruhe und Gelassenheit im Sturm des Lebens. Der Strahl, den er in eure Herzen lenkt, gibt Sicherheit und Selbstbewußtsein. So fördert er die Menschen, an die von Gott der Ruf zur Macht gerichtet ist. Die Mächtigen der Erde, die er lenkt, bestehen vor Gott in Edelmut und Rechtsgesinnung. Nichts Falsches duldet er, nichts Niedriges keimt unter seinem hehren Einfluß auf. Wer diesen Sohn des Vaters aller sterngewaltigen Mächte für sich gewinnt, den können Haß und Neid, Mißgunst und Schmutz der niedren Seelen nicht gefährden. Hoch steht er über allem irdisch-menschlich Bösen, im sicheren Gefühl, den rechten Weg zu gehen. Vor solchen Mächtigen der Erde, meine Menschen, graut mir nicht.* Sie sind die Hoffnung und der Reichtum meines Herzens. Der Reichtum, den ich nun vermehren möchte auf dieser Welt.

Darum sei euch bedeutet: Ruft euch die Mächte des Himmels herbei durch innige Gebete, die ihr in Gottes Seele senden müßt. Dreieinig steht des Gottes Hoheit über euren Sternen. Im Namen des Vaters, des Sohnes und des Heiligen Geistes erbittet euch der Mächte Zustrom, und ihr erhaltet ihn.

Mars, wie ihr Ervinius auch nennen dürft, ist geheiligt im Geist Gottes, wie alle Herrscher der Mächte und Throne des Himmels. Mars bezwingt jede Schwäche in euren Herzen, bezwingt Mißmut und Hoffnungslosigkeit, gibt Lebensimpulse und Tatkraft. Doch nicht nur den Mächtigen ist er geneigt, o nein, den Schwächsten selbst kann er aus seiner Lethargie erlösen, und er neigt sich jedem Menschen in gleicher Liebe zu, der ihn um Hilfe bittet.

Der Stern Merkur

Mercurius ist seit altersher den Menschen bekannt. Seine Stellung am Sternenhimmel steht über dem geschichtlichen Bild des Hermes. Durch astrologische Erfahrungen wißt ihr von

* siehe Kapitel »Ermahnungen an alle«

der Ausstrahlungskraft des sonnengebundenen Planeten Merkur. Die Bestimmung des Gottessohnes, der ihn lenkt, ist es, die beruflichen Lebenswege der Menschen zu ebnen. Durch seine Gemütseinwirkung erregt er in euch die Freude an der Arbeit, am beruflichen Aufstieg, am Streben nach Erfolg. Er weckt in euch die Gefühle des Selbstvertrauens und bezwingt durch Einströmungen von Unternehmungsgeist Gleichgültigkeit, Trägheit und Lebensschwäche. Er inspiriert und schenkt Ideen. Sein Geheimnis ist die Schaltung der Verbindungen von Mensch zu Mensch. Er bahnt Beziehungen an, die für die Lebensaufgaben der Menschen wichtig sind, weist euch in gute berufliche Bahnen, zieht Schicksale zueinander, deren gottgewollter Weg das gleiche Ziel andeutet, und wirkt so als lebhafter, gewandter, schlanker und jung erscheinender Sterngott über euren geschäftlich-beruflichen Lebensbeziehungen.

Der Planet ist nur der Standort der Messungen und computerartig gesteuerten Berechnungen, die unter der Herrschaft dieses Gottessohnes vollzogen werden, den ihr Merkur nennen dürft. Sein Engelsname ist Deiamos. Deiamos ist nicht wesensgleich mit Hermes; er steht über ihm. Also aus Teilerkenntnissen der hohen Schicksalsengel formten sich die Menschen Bild und Wesen ihrer Götter.

Merkur zeigt sich nun geneigt, eure Bitten entgegenzunehmen und euch bei beruflichen Sorgen und Problemen durch Zuwendungen aus seinem Stern zu helfen, auch wenn die Gesamtkonstellation ungünstig ist. Er hat die besten Freundschaftsbeziehungen zu allen göttlichen Mächten und Gewalten.

Um euch zu helfen, bedarf er nur eurer Gebete an Gott, aus dessen heiligem Liebesstrom er gleich allen Verwaltern der

Sterne schöpft. Er schaltet im Willen des mächtigen Gottes über Stunde und Tag und ist allen strebenden Seelen ein liebenswürdiger, hilfreicher, erhabener Freund.
*

Kosmische Strahlungen

Die sternlenkenden Götter sind Richter, Seelenerbauer durch Schicksalsbereitung, strafende wie belohnende Gottesermächtigte. Sie alle sind erfüllt von einer tiefen Liebe zu den Menschen. In ihnen allen blüht die Liebe des Vaters, dem sie dienen. Wenn sie bestrafen, bestrafen sie schweren Herzens. Erblüht unter ihren Augen einer Seele Wert, sind sie alle gleichermaßen erfreut.

Sie stehen geschlechtlich geprägt in der Ewigkeit. Wo männliche Kraft wirkt, ist auch weibliches Gefühl Bedingung. So sind der Engel Scharen aufgeteilt in männliche und weibliche Erben des allerheiligsten Urgeistes, des kosmischen Einen, der sich beschenkte, da er Gott errang: der Heilige Geist – ewiger Urgrund, ewiger Quell der Erscheinungen, Ausgangskraft der Allmacht, darin geeint war, was sich teilte. Erben dieses Einen, darin Gott besteht, sind die Engel.

Erstrahlt euch der Himmel des Nachts, so geht in die Knie, denn ihr erblickt des Ewigen Antlitz. Erhebt ihr euch wieder, seid ihr geweiht. Ein großes Beschauen geht aus des Himmels wunderbarer Macht auf euch hernieder. Seht ihr die Sterne, so seht ihr der ewigen Seligkeit Anfang. Ausgebreitet liegt des

* Über Jupiter erhielt ich von Jesus noch keine Aussage. Doch Osario, ein Schicksalsengel aus dem nördlichen Sternhimmel, gab mir einen Bericht über ihn. Siehe S. 219

Gottes Glanz, ausgebreitet des Gottes Liebe, ausgebreitet des Gottes Gefühl im unermeßlich weiten Raum über euch, darin der erhabensten Geister Wirken eingewoben ist in der Gestirne Zusammenhänge nach den heiligsten Bereitungen. Der wandernden Sterne Ordnungen, aus des Chaos Grauen entstanden, sind Gottes Werk. Im allumfassenden Sturm der Entwicklung erzwang ER durch die ungeheure Kraft seines Willens, durch die Macht der Gedanken, durch die Zauberkraft des Wortes das hohe Erblühen aus Materie und sphärischen Elementen zur Gebundenheit des einen, gewaltigen Kosmos, der an Weite und Bestand alles übertrifft, was Menschen zu denken vermögen, erregend im Ausmaß auch für Engel.

Allmacht liegt im Wort Gottes. »Am Anfang war das Wort«, schrieb euch ein erleuchteter Geist. So erfahrt es nun, daß auch in euren Worten magische Kraft liegt. Doch nur im Guten wagt es, diese Zauberkraft zu nützen; denn Gott straft schrecklich jene Geister, die sich Macht durch böse Gedanken aneignen wollen!

Beschenken will ich euch mit der Kenntnis der allerheiligsten Wunder. In den Sternen sind Kräfte, die ihr euch nutzbar machen sollt.
Erregt ihr diese Kräfte durch starke Gedanken, durch Worte in intensivster Gehirnströmung, so zwingt ihr sie, euch anzuhören und euch zu helfen; denn es liegt in ihnen allen des Gottes Liebe zu seinen Menschen, des Gottes Liebe, die ihr entglittenen Kinder des Vaters wieder erkennen sollt.

Gebunden aneinander durch geheimnisvolle Strömungen sind die Sterne, ausgestattet mit den wunderbarsten göttlichen Einstrahlungsanlagen. Stellt euch darunter auf allerhöchste Weise ausgebaute Anlagen vor, die für die Engel ablesbar sind. Also:

Automatische Aufzeichnungen gehen ein und werden beobachtet, ausgewertet, abgestimmt gegeneinander und aus höchster Sicht bearbeitet. So stehen den Erbauern der Seelen dort oben große, ewige Sternwunder zur Verfügung, mit deren Hilfe sie absolut gerecht handeln können. Gerecht jedoch nicht auf e i n Erdenleben bezogen, sondern über die Wiedergeburten hinaus und auch im christlichen Sinne gerecht bei der Erschau der Seelenwerte; gerecht im abgeklärten Sinn der geistigen Erhebung oder Zurückstufung der geprüften, durch ein oder mehrere Erdenleben gegangenen Menschenseelen.

Arme Seelen

Nicht immer sind Seelen aus dem erdgebundenen, reinigungsbedürftigen Zustand der Nach-Todeszeit abzulösen. Sehr viel Schlechtes haftet manchen Menschen an, das Geschlechter hindurch bestehen bleibt. Wenn Seelen, die gereinigt wieder und wieder eingegangen sind in ein neues Leben, wieder und wieder versagen, steht den erschauenden Gerechten ein Weg offen zur Erstärkung und Besserung der seelischen Substanz. Sie binden solche Seelen nach dem Tode an die Erde. Also: Die schweren Versager, die aus dem Sündigen nicht herausfanden und von einer Wiedergeburt zur anderen ihrer Seele Wert nicht steigerten, die immer wieder die gleichen Entartungen zeigten, gleicherweise Böses verübten, absichtlich sich den göttlichen Geboten der christlichen Lehre bzw. jener Religion, der sie angehörten, entzogen, Menschen also, die mehrmals das heilige Gut ihrer reinen Seele verdarben, müssen die schwere Buße der Gebundenheit an die Erde erleiden. Sie wandeln im Zustand größter Erlösungssehnsucht auf dem sphärischen Erdkreis. Es sind dies die armen Seelen, für die ihr oft so mitleidig betet. Sie sind eurer Gebete wirklich sehr bedürftig, denn da sie selbst Ausgestoßene sind, erhört niemand ihre Gebete, niemand aus der Engel Schar beachtet sie, und tief unglücklich stehen sie abseits vom Glanz und Segen Gottes. Betet ihr für solche Seelen, so werden eure Gebete erhört, so ihr reinen Herzens seid, und jene unglücklichen Wanderer, da sie nach den heiligen Gesetzen der Liebe durch eure Liebe angestrahlt werden, erhalten Bestrafungsbegnadigung. Auch Gedanken der Liebe gehen als Erlösungsvorbereitung ein.

Erscheint es euch möglich, daß ein euch anverwandter, befreundeter oder bekannter Mensch der Erlösung bedürftig sein könnte, so betet für ihn und gedenkt seiner in Gefühlen der Liebe. Obwohl ihr seine Sünden kanntet, ihr erreicht dadurch, daß er eher begnadigt wird.

Es ist gewiß, daß eine jede Seele einmal Begnadigung findet, doch sehnen sich die Unerlösten in stärkstem Maße nach euren Gebeten.

Zeitenwende

Die Sterne stehen gegenwärtig in gleicher bedeutungsvoller Mission wie zur Zeit meiner Geburt. Sie deuten eine große Zeitenwende an. Der Himmel gleicht einer Bühne, darauf die Kulissen gewandelt werden.*

Erhebt euch, ihr Menschen, aus der Erdgebundenheit eures Denkens. Das Bleibende erkennt. Den resignierenden Gedan-

* Botschaft vom 14. 1. 1981 (Astronomisch bedeutungsvoller Tag: 1. Begegnung Jupiter-Saturn).

ken gebietet Einhalt. Befreit euch von den angestauten Ängsten und gebt, die ihr an Gott gebunden seid, den Strömungen des Herzens freien Lauf. Der Heilsweg steht euch offen, und selig sollt ihr alle werden!

Selig sind ...

Selig sind, die des Gottessohnes Liebe auf Erden schon erwidern, denn der Heilige Geist begnadet sie mit der höchsten Seelenreifung.

Selig sind, die da lieben, denn sie leben in Gottes Seele.

Selig sind, die der heiligen Hoffnung Schatz nicht begraben, denn sie bauen das neue Zeitalter auf.

Selig sind, die da Tränen weinen um das Leid der Erde, denn ihre Tränen benetzen Gottes Hand, und Gottes Hand erhebt sich, um das Leid zu lindern.

Selig sind, die der Sterne schwere Prüfungen bestanden haben, denn sie werden sich wandeln, gleich Faltern, die, aus dunkler Hülle befreit, aufsteigen zum Flug in sonnige Gärten.

Selig sind die zarten Seelen, denn abseits der geschäftigen Welt erschauen sie Gott in jedem Geschöpf, in allem Erblühten der Erde, und ihr aufsteigender Dank erfüllt Sein Herz mit Freude.

Selig sind, die nach innen lauschen, denn sie hören die Stimme des Engels.

Selig sind auch jene, die sich gleich Dornen verhalten, um die Rosen Gottes zu beschützen. Sie kämpfen um das heilige Gut des Glaubens, sie bewahren das reine Erbe der Religion für die Kinder. Sie beackern Gottes Feld und säen immer wieder seine Liebe aus unter den Menschen. Selig sind sie, die Erhalter des Glaubens, denn Gott stellt ihre Gaben hoch auf den Tisch der Bereicherung, wo sie erstrahlen im Licht seiner Dankbarkeit.

Selig, o selig sind sie alle, die Gottes Dank erfahren, den Dank der Ewigkeit für die Gabe der noch irdisch gebundenen Seele, die seine Liebe begriffen hat.

Schatten und Licht

Schatten breiten sich über die Erde der Gegenwart. So zeigt sich im Zwielicht das Schöpfungsreich dieses Planeten. Schätze wie Diamanten und Perlen aber sehen wir im Dunkel der Beschattung leuchten. Diese zu bergen, ist Gottes Wille.

So stehen der Vielzahl gottesferner Menschen die Seelen der göttlich Erleuchteten gegenüber. Erkennen und bezwingen sollen diese die Unvollkommenheiten der Geschwister.

Das Glück auf Erden ist beschränkt, und das Leid des Lebens ist nicht immer abzuwenden. Schwerstes Leid erfahren zarte Seelen, die ihr Liebstes sterben glauben – glauben, denn der Tod ist nichts als Wandlung; allerschwerstes Leid, wenn sich das Leben des geliebten Kindes ablöst aus der irdischen Hülle.

Solches Leid ertragen, ohne gegen Gott aufzubegehren in des Herzens Qual, gehört zu den schwersten Prüfungen auf Erden. Der Liebe Gebet heißt immer und immer: »Beschütze und erhalte mir mein Liebstes.«

Gottes Hand ist es nicht, die euch Leid zufügt. Schwere Störungen in der Natur des Leibes geben den Grund für manche Krankheit, manchen frühen Tod.

Gott zwang das Leben in die Gesetze der Natur. Sein eherner Wille errang das ewige Leben der Seelen, das nur durch den Aufbau des irdischen Leibes möglich wurde. Seine Liebe steht über der zeitlichen Beschränkung eures irdischen Daseins. Gebt euch niemals der Verzweiflung hin in Verbitterung gegen Gott!

Gott ist allerhöchste Liebe! Und der Glanz seiner Gnade liegt auch über eurem schwersten Leid.

Schutzengel

Einbezogen sind beglückte Engel
in den Aufbau einer neuen Zeit.
Diese schenken denen, die sie rufen,
Lebensglück im Maße der Begnadung;
schenken jenen,
die sich selbst dem Schöpfer schenken,
Schätze, die sie aus der Sterne Ströme greifen.
Jeder, der sein Herz sich rein bewahrte,
hat den Engel ganz in seiner Nähe,
einen Engel, der sich auf sein Dasein,
auf sein Denken, Fühlen, Bangen,
auf sein ganzes irdisch ausgefülltes Leben
einstellt und in tiefster Liebe ihn begleitet.

Aber auch wer sündigte und fehlte,
wird von seinem Engel nicht verlassen,
wenn er Scham und Reue fühlt.
Und erfleht er sich den Engel,
der ihn liebt seit seiner ersten Stunde,
der ihn kennt mit allen seinen Schwächen,
allen irrenden Gedanken,
die zu törichtem Verhalten oder
schlechtem Handeln ihn verführten,
wird ihn dieser voller Liebe
aus der Wirrnis seines Lebens
auf den rechten Weg geleiten.

Niemand ist auf dieser Erde einsam!

Ein festes Band geht von jedem Menschen zu dem ihm von Gott zugewiesenen Schutzengel. Dieses zu stärken sei euer künftiges Bestreben. Durch Gedankengespräche bindet ihr den Engel an euch, dessen höchste Freude es ist, gegenwärtig zu sein dem geliebten Kind, denn Kinder seid ihr alle!

Scheut euch nicht, den Engelsgefährten zu beanspruchen. Seine Nähe gibt euch große Kraft. Wenn ihr den Engel vergeßt, geht er in eine höhere Sphäre. Auch dort bleibt er euch verbunden und beobachtet euch, doch bedeutend glücklicher seid ihr, wenn er ganz bei euch weilt. Um jeden Menschen sorgt sich ein Engel. Bedenkt, daß eure Scheu, den Engel anzurufen, dessen Lebensglück beschattet. Ein anderes bedenkt: Der Lebensraum der Erde ist aufgeteilt in die Region der Materie und die des geistigen Seins. In letzterer leben, umgeben von Schönheit, die Engel.

Die Anzahl der Menschen und der Engel mag euch unglaublich hoch erscheinen; sie ist jedoch von göttlicher Sicht aus ganz gering. Spielend überblicken die allerhöchsten Geister den Bestand einiger Milliarden von irdischen Seelen. Ganz andere Zahlen erfüllen den Kosmos. Gott gebietet über Welten, deren Zahlen sich multiplizieren im Wachstum des Alls. Unendlich viel Raum bedarf noch der Besiedelung mit geistigseelischem Leben.

Seelisches Leben erhält sich durch die Strahlungen Gottes im Gegensatz zum inkarnierten Leben. Es ist also nicht auflösbar, sondern bleibt bestehen in Ewigkeit.

Zahl und Raum sind unendlich in Gottes Universum; unendlich insofern, als keine Einschränkung gegeben ist. Das Universum befindet sich im Wachstum, es wächst in die Ewigkeit hinein, bis es sich einmal auflösen wird in Licht und Glanz, wie der Mensch sich ablöst aus Blut und Fleisch, da er aufersteht zum Lichte Gottes.

Das heilige Werk der Gottheit ist die Erhaltung des kosmischen Lebens mit dem fernen Ziel der Lichtaufwandlung. Der Mensch erfüllt den hohen Zweck der Durchgeistigung des kosmischen Wesens. Er wird eingesetzt im geistigen Zentrum des Universums zur Bewältigung einer unendlichen Fülle von Aufgaben.

Lebensnotwendige Aufgaben erfüllen die Engel; lebensnotwendige Aufgaben erteilt Gott aber auch dem zur Vollendung ausgereiften Menschen der seelischen Lebensform.

Die ewige Seligkeit des Menschen ist die Folge der Reifung, der Höchstentwicklung des menschlichen Seelenwertes, die zur begnadeten Erschauung der Gottheit führt, zum Einswerden des erleuchteten Menschen mit Gott, im Heiligen Geist, in allerhöchster Liebesseligkeit.

Einswerden mit Gott ist nur möglich im Gefühl der tiefsten Demut, einer Demut, die im Widerschein von Gottes Herrlichkeit erblüht.

Alle Wanderer durch die Sphären des Heiligen Geistes erstreben dieses höchste Ziel. Sie erreichen es im Glück der Hinwendung zum Licht, im Glück der Bindung an die Engel, im Glück der Hingabe an große Aufgaben und im Glück der natürlichen Lebensfreude, die, durchflutet von den heiligen Wogen der göttlichen Liebe, alle Seelen empfinden.

Erhabenheit der Seele

Die Erhabenheit der Seele erreichen auf Erden nur sehr wenige Menschen. Die absolute Reinheit des Herzens, die sich erweist im völlig fehlerfreien, sündenlosen Lebenswandel, erreicht niemand. Alle seid ihr schwach und gebunden an eure Eigenliebe. Auch der Heiligste hat schwache Augenblicke, und selbst, wenn er die höchste Stufe menschlicher Größe erlangt hat, erhellt er sich ständig im Gebet, um nicht der irdischen Beschattung erneut anheimzufallen, aus der er sich entzog. Gäbe es nicht die Gnade Gottes, die Verzeihung der Sünden, die Barmherzigkeit der Liebe — der Himmel stünde leer und harrte jahrtausendelang auf Menschenseelen.

Es geschah durch das Opfer der Liebe Seines Sohnes, daß Gott sich entschloß, die Menschen aus der Fessel der Wiedergeburt zu erlösen und den Sündern und Gestrauchelten Verzeihung zu gewähren, wenn der Kern ihrer Seele rein und gesund blieb. Die Reinheit des Seelenkerns muß bewahrt sein, denn ein zutiefst verdorbener Mensch fällt ab vom Baum des Lebens wie eine faule Frucht.

In der Sphäre der Bestrafung gibt es Menschen, die man als unrettbar bezeichnen kann, also Menschen, die bei aller Erfahrung des Leidens sich nicht zur Reue aufschließen. Niemand erleidet in der sogenannten »Hölle« größere Qualen als jene, die er auf Erden gefühllos anderen Lebenden angetan hat. Doch auch diese hoffnungslos Erhärteten werden nach durchlittener Bestrafung zurückgeführt zu neuem Lebensbeginn.

Die ewige Verdammnis bedeutet also: Die schwersten Sünder werden in ihrer Person in Ewigkeit nicht Gott erschauen, doch sie erschauen erneut das Licht der Erde, in dem sie sich wandeln.

Was sollt ihr Gläubigen nun tun, um die von Gott gewünschte Herzens- und Seelenreinheit zu erlangen?

»Wer sein Herz rein weiß, hat den Schutzengel neben sich«, habt ihr erfahren. Nun prüft ihr euch und findet so manchen Flecken, der sich sehr bequem ertragen ließ. Begreift ihr, daß ihr sündig seid, und sehnt euch nach dem Engel, dann stellt euch auf die Stimme des Gewissens ein und prüft, wieweit das, was ihr Böses tut, euch lebenswichtig ist. Die Beichte, der sich die katholischen Religionsangehörigen unterziehen, hat großen Wert, wenn sie in ehrlicher Reue abgelegt wird und eine Änderung der Lebensführung bewirkt. Ein ständig wiederholtes Heischen um Verzeihung, bei unwürdigem Lebenswandel, verletzt jedoch der Engel Gefühl.

Erhaltet ihr die Absolution des Geistlichen, so bedenkt, daß dieser nicht in die Tiefe eurer Seele blicken kann, wohl aber der Engel, dem nicht der geheimste eurer Gedanken entgeht.

Jede Seele ist im Augenblick der Geburt weiß und glanzerfüllt, denn sie kommt aus Gottes Reich. Die Seelen der Heiligen, die sich bereit erklärten zur Wiedergeburt (zur Belehrung und Erziehung der Menschen dieser Erde), wie die Seelen der Gestrauchelten und Geläuterten haben die gleiche Reinheit im Anbeginn des neuen Erdenlebens. Seelen, die vorbelastet sind durch ein früheres, verfehltes Leben, tragen die Schuld des vergangenen Lebens nur für die Engel sichtbar in ihrem Karma; das heißt also, sie stehen rein im neuen Leben, nur im Buche Gottes ist die Schuld verzeichnet, deren Last sie wieder auf die Erde zwang.

Bezwingt ihr die Selbstsucht, die in euch liegt, erhebt ihr euch aus den Niederungen der Begierden nach Daseinsgenuß um jeden Preis, dann beschützen und helfen euch die Engel.

Das Glück der Erde ist euch nicht versagt, ihr dürft es erstreben, doch niemals reift ihr hier nur im Genuß. Genuß sei Ausgleich nur und Rast.

Erhalten habt ihr dieses Erdenleben nur, um euch darin auf Gottes hohe, wunderbare Welt vorzubereiten. Reifen wird hier ein jeder, bis Gott ihn für würdig befindet, den Boden seiner heiligen Sphären zu betreten, jener heiligen Sphären, in denen nichts Böses bestehen kann.

Gottes Reich wurde euch eröffnet, doch nur in Reinheit könnt ihr es betreten.

Sphären der Läuterung

Das himmlische Leben stirbt nie, aber es wandelt sich. Das Streben nach seelischer Reife erfülle euch Erdenbewohner alle. Der Seele Wert oder Unwert ist ausschlaggebend dafür, in welches Reich der himmlischen Sphären ihr nach dem irdischen Tod aufgenommen werdet.

Die hohen Richter neigen dazu, euch generationsbezogen und den irdischen Gemeinschaften entsprechend wieder einander zuzuführen. Sie neigen dazu, doch ist es ihnen nur bei einem Teil der Menschheit möglich. Menschen, deren seelischer Grundwert gut und edel ist, werden in der reinen Lichtsphäre leben, deren Boden sie sogleich nach ihrer Läuterung betreten dürfen. Wenn ich Sphären sage, so meine ich die Planeten des Lichts, deren Einteilung geordnet ist nach den harmonischen Gesetzen des Kosmos. Wir haben Planeten der Läuterung, auf welchen die Menschen unter harten Bedingungen der Seele Reinigung erfahren, Strafen durchleiden und schwer belastet werden durch ihre eigenen Fehler und durch die Sünden, die sie auf Erden gegen das bessere Fühlen ihres Gewissens begangen haben.

Dort gibt es Gebiete der unvollkommenen Herzen wie solche der unbezwungenen Begierden. Dort haben wir Stätten, wo geistiger Hochmut sich trifft, wo Hassende einander ausgeliefert werden, Geizige sich nur bei Geizigen befinden, Angehörige von geheimen Bünden den widerrechtlichen Handlungen ihrer Vereinigung ausgeliefert werden, wie deren irdische Opfer es waren.

Wir haben Sterne, dort hausen in trauriger Schmach die zahllosen Betrüger und Lügner dieser Erde in engster Gemeinschaft beieinander, andere, wo jene weilen, die sich hier auf Erden gegen die Gesetze der Sitte und der Scham vergingen, des Geldes wegen, das sie aus der Verderbnis zogen. Die schwerste Strafe ist es für die Sünder, daß sie sich selbst ausgeliefert werden, sich selbst und genau ihresgleichen. Eheliche Niederträchtigkeiten werden gebüßt durch das Erdulden ganz genau derselben Bosheiten, wie sie an den Tag gelegt wurden. Jedoch die Paare sind getrennt. Machtlos ist hier das Böse ausgeliefert an das Böse. Die Strafe ist: der eigenen Seele Niedrigkeit erdulden.

Wir haben Gebiete, darin das grauenhafteste Gewürm Gestalt angenommen hat, das sich in menschlichen Gehirnen auswuchs und gegen die Gesetze der göttlichen Harmonie »Kunst« nannte. In diesen Zonen, darin die Zersetzung alles Natürlichen, die Mißachtung jeglichen Schönheitsgefühls gedeiht, müssen jene leben, die solche Destruktionen schufen und sich daran bereicherten, ohne auf das göttliche Gesetz zu achten, das auch in ihnen wirkte und fühlbar war.

Die härtesten Lasten bürden die Menschen sich selbst auf, da sie nichts anderes als nur das Erdenleben für wertvoll und wichtig erachten, das Erdenleben und den Genuß desselben.

Die Zonen der Läuterung können erst dann verlassen werden, wenn die einzelne Seele durch tausendfachen Ekel vor sich selbst, zutiefst angewidert von sich und ihresgleichen, Bereinigung erfleht und Rettung. Dann kommen große, starke Geister aus den Reihen der edlen Menschen und strömen Liebe ein. Sie bringen Erleuchtung, bauen auf und weisen den Reuevollen auf den Weg in eine höhere Sphäre, darin es Licht wird und Glück ihn erwartet.

Jene Unseligen aber, die sich auf Erden den Weg in die Schattenwelt bahnten, also in die sogenannte »Hölle«, erleiden dort genau das Maß an Qual und Schmerzen, das sie anderen Menschen bereiteten, da sie hier lebten. In manchen Fällen, die den Zorn der Richter ganz besonders erregen, wird das Strafmaß bedeutend verstärkt, bis zum Hundertfachen der zugefügten Schmerzen oder mehr. Etwa bei Kindermord. Das Töten eines Kindes sowie Grausamkeit am wehrlosen Opfer sind die schwersten Vergehen gegen Gott und werden entsetzlich gesühnt. Bluttaten, im Besitz geistiger Gesundheit eigenmächtig verübt, erfahren härteste Bestrafung.

Roheiten des Herzens, die sich in Tierquälereien, in brutaler Behandlung der Geschöpfe Gottes kundtun, wie es geschieht durch Ermächtigung, Ausbeutung, Ausrottung, Ausnutzung des Tieres zum Zwecke der Selbstbereicherung, widernatürliche Tierhaltung, qualverursachende Transporte oder grausame, ohne Betäubung durchgeführte Experimente werden auf einem abgesonderten Planeten bestraft. Dort führt man den Sündern gegen die Natur jedes einzelne Tier, das sie mißhandelten, als Phantombild vor, und die Qualen eines jeden müssen sie erleiden.

Verdorbenen, schlechten Menschen — Gottesverächtern, Gotteshassern und Schwerverbrechern gegen die Gesetze der Liebe — ist der Heilsweg der Seele in alle Ewigkeit versperrt. Niemals können sie aufsteigen in eine höhere Sphäre, auch wenn sie alle Strafen durchlitten haben. Sie haben nur die Begnadung der Reinkarnation zu erhoffen, nichts sonst, und diese nur, wenn sie sich in tiefster Reue Gottes Barmherzigkeit erflehen.

Heilsbereitung

Ich bin der Heilsbereiter aller Seelen. Der Reichtum, den ich euch schenke, ist Liebe und Leben, ist Demut und Erhabenheit, ist Bescheidenheit und Großmut, ist Sanftmut und Strenge, denn ich schenke euch den Reichtum der Macht über die Zeit, den Reichtum der Hoheit des Herzens, den Reichtum der Hoffnung, die sich erfüllt weiß im Wandel der Zeit.

Die Zahl, die euch hier bindet an Stunde und Tag, an Schwere und Blut, Schatten und Licht, Raum und Beengung, Stoff und Boden, wird gewandelt.

Macht ist Reichtum, Macht ist Stärke, Macht ist Sicherheit und Ruhe. Macht ist nichts, wenn diese Werte Staub und Asche werden können. Staub und Asche aber sind der zündenden Gewalt stofflich eingegeben.

Nichts bleibt bestehen im Reich der Materie. Heilig aber ist die Macht der Seele, heilig die Liebeskraft aus Gottes Herzen; sie nur lenkt euch auf den Weg des Heils. Diese Macht zwingt alle Waffen in den Staub, die sich gegen sie erheben, bricht die Schranken aller Grenzen, wächst und blüht, beschützt vom Herrn der Sternenwelt.

Sternenmacht erringt euch, meine Menschen, Sternenmacht! Sternenglück schenkt euch der Himmel dann schon auf dieser Erde.

Heilsweg der Seelen

I.

Im Reich der Heiligen Dreifaltigkeit ist es geschehen, daß große Sterngebiete gegründet wurden, Sterngebiete geistiger Art, darin die Menschen beschieden werden. Diese Sterne, die in ihrem Kern aus schwerer Materie sind, also aus den Atomen, die ihr kennt, sind Reiche der Herrlichkeit. Die Bewohner jener Gebiete erschauen den Gottessohn an vielen hohen Festtagen des Jahres, obgleich sie noch weit davon entfernt sind, in den Sphären der höchsten Reinheit aufgenommen zu werden.

Da die meisten Menschen zunächst sehr lange Zeit — nach irdischem Ermessen für Jahrhunderte, gegebenenfalls auch länger — dort leben, sei euch dieses sphärische Leben geschildert.

Dort weilen die Lieben, die von euch geschieden sind. Sie leben als glückliche, frohe Menschen, deren Herzen von Gottes Glanz erfüllt sind. Sie stehen auf Stufen der Reifung, deren Höhen sich voneinander unterscheiden, doch leben sie nicht nach der Höhe ihrer Reifung einander zugeordnet, sondern in Gemeinschaften, die sich aus den Lebensbeziehungen auf Erden ergaben. Familien- und Freundschaftsbindungen werden bei der Einteilungsordnung der Menschen in diesem Lebensraum von den Engeln berücksichtigt, nicht aber der Grad der Reife einer Seele.

So haben wir dort ganz erdähnliche Lebensverhältnisse. Die Sphären der Seelenreifung sind auf mehrere Sterne verteilt, die nach den Gesetzen des Kosmos um eine Sonne kreisen.

Der Tag beginnt für die Menschen dort oben wie hier mit dem Sonnenaufgang.

»In meines Vaters Haus sind viele Wohnungen«, so sprach ich als Mensch. Nun will ich euch die Wohnungen der Sternenwelt beschreiben, darin Geschenke Gottes auf euch warten, wie ihr sie nicht erahnen könnt.

Der »Himmel« beginnt für euch mit der Erhebung aus den Zonen der Läuterung. Der Himmel, das ist die Welt der Freude, der Erlösung von allem Schweren, allem Leid und allem Schmerz der Erde.

O begreift es, ihr Nichtgläubigen: Die Tore in diese Welt hat euch Gottes Sohn eröffnet. Begreift es auch, ihr Gläubigen der starken, nicht-christlichen Weltreligionen, daß diese Tore euch verschlossen blieben, stünde nicht über allem menschlich beschränkten Denken, über allem Leben dieser Erde das hohe Herz der Liebe dessen, den ihr als Gott nicht anerkennt!

Auch ihr, meine Getreuen des Christentums, begreift es: Meine Liebe erfüllt die ganze Erde! Meine Liebe geht ein in jede edle Menschenseele, in jedes Geschöpf der Unschuld. So hoch steht meine Liebe über allem menschlichen Vorstellungsvermögen wie die Sonne über allem Leben dieser Erde.

Der Heiland, dem ihr euch als Christen angeschlossen habt, ist mehr als nur der Gott eurer Lehre, er ist der höchste Geist im Kosmos neben Gott, dem Vater, und dem Heiligen Geist. Sein hohes Lieben steht über allem, was euch Worte alter Schriften übermitteln können.

Der Heilsweg der Seelen ist bereitet von mir, dem Herrn der Welten.

Glaubt ihr, daß sich im Lieben Beschränkung auferlegt der freieste, der höchste Geist im Universum, der Sohn des Gottes, der alle Menschen schuf?

Erhebt euch über eure Glaubensgrenzen, eröffnet euch dem Licht der Erkenntnis, der Erkenntnis meiner unermeßlichen, weltweiten, weltvereinigenden Liebe, in die ihr euch hineingeboren findet, ohne Unterschied der Rechte auf Gottes Himmel.

Das Alleinrecht auf die Seligkeit in jenen strahlenden Reichen Gottes hat nicht meine katholische Christenheit, wie sie es bisweilen vermeint. Blut und Tränen schenkte ich dem Vater, damit er alle seine Menschen erlöse und befreie von der starken Bindung an die Erde.

Erschauen die Glücklichen, die, durch Geburt und Erziehung gelenkt, meine Lehre befolgten, den Himmel, so finden sie dort, beschenkt von Gottes Gnade und Liebe, unzählige Menschen, die durch Schicksal oder eigenen Willen nicht gebunden waren an die Kirche, aber stets gebunden lebten an Gottes Herz.

Der Reichtum des Herzens ist der Wegbereiter in diese Sphären, der Reichtum, den sich auf Erden ein jeder erringen kann.

Ausgesät in alle Menschenherzen ist das Gute, ist die Liebe, ist der heilige Kern, der Gottes Hoffnung in sich trägt; ausgesät, damit er sich entwickle und die Frucht bereite, die nach der Blüte dieses Erdenlebens, dargereicht wie Erntegabe auf dem heiligen Altar der Gottheit, der Geschenke bunte Fülle mehre. Denn Geschenk ist euer reines Herz dem Vater.

Glücklich ist das allerhöchste Herz der Liebe über solche Reifung aus des zarten Kernes Kraft.

Alle seid ihr gleich beschenkt in dieser Weise, wenn der Erde Lebensweg für euch beginnt.

Selbst im größten Elend blühen Gottes Samen auf, stark und unverwüstlich, blühen auf und tragen Frucht.

L i e b e heißt der Boden, der den Gottessamen wachsen läßt, Liebe nur, denn der Geist und der Verstand des Menschen, das sind Güter dieser Erde, die die gleiche Teilung nicht erfuhren.

Geist sowie Verstand des einzelnen sind Erbgut, überwiegend biologisch eingeprägt, wie Gestalt und Züge des Gesichts als auch Eigenschaften aller Art, die sich durch Jahrhunderte erhalten.

Es kann der Geist durch Störungen des leiblichen Gesamtbefindens geschädigt sein wie durch Geburt behindert schon in der Entwicklung. So: Wer an Geist sich andern überlegen fühlt, sei glücklich, aber ohne Stolz, denn auf der höchsten Richter Waage sinkt die Schale des Lebenswertes nicht durch das Gewicht der Geistestaten eures Lebens, wohl aber durch die Schwingungen der Liebe, die euren Herzen lebenslang entströmten.

Wo Geist, durch Fleiß und Streben hochentwickelt, sich mit der Liebe heiliger Kraft vereint, ist glücklichste Erfüllung eines Menschenlebens gegeben. Auch wenn durch Schicksalshärten der äußere Glanz des Erdenlebens fehlt, im Inneren des Herzen wie der Seele stellt sich den Engeln Glanz und Leuchten dar.

II.

Der Heilsweg der Seele ist euch Lebenden allen eröffnet. Der Himmel erwartet euch. Heilige, ewige Gesetze geben Gottes Welt Zusammenhalt. Ohne diese Gesetze verlöre sich alles im Chaos. Ein ungeheuer großes Staatssystem ist das Universum.

Der Lebensraum des von der Erde aus beschaubaren Teils des Kosmos ist das Haupt der kosmischen Gestalt. Hier glühen die Sonnen der göttlichen Willenskraft. Hier entstand Gottes größtes Schöpfungswunder: der sphärische Lebensglanz über dem geordneten Planeten- und Sonnensystem der schweren Materie. Es ist ein Glanz, der über den Sternen liegt.

Materie ist Schwingung. Die Leichtmaterie der jenseitigen Welten besteht aus Schwingungswellen, die eine schwächere Verdichtung haben, also größere, weitere Wellenlängen als die Materie der Erde. Durch die Enge der Wellen, die die Schwingung strafft, ist die harte, schwere Materie eures Lebensraumes entstanden.

Geschehen ist es, daß im Raum des Lichts, im Reiche Gottes, Schwingungen sich ausgebreitet haben, schallwellenartig, die von reicher Verschiedenheit sind. Dadurch entstanden im Universum, anberaumt auf sonnenumkreisenden Planeten, Bausteine des Lebens, daraus Gott seine Schöpfung bildete. Ein Heer von schaffenden Geistern schaltet nach Gottes Willen allenthalben und sorgt für Ordnung und Aufbau.

Doch der Geist des Menschen ist nicht stark genug, die Sternenwelt in ihrer unbeschränkten Größe zu begreifen. Der Sinn des Menschen kann das Ewige nicht fassen.

So schweift aus der Unendlichkeit der Zahl und aus der Fülle der Gestaltung zurück auf eure Erde, von der aus heilige Ströme zum Lebensraum der Gottheit fließen!
Diese Ströme entstehen durch Strahlungen des Bewußtseins des menschlichen Geistes.

Der Geist des Menschen hat eine starke Ausstrahlung. In der menschlichen Stirn liegt, geschützt unter einer biologischen Stammesrinde, das allerfeinste Sendegerät — »Gerät« im Sinne der technischen Beschaffenheit, denn gemäß der physikalischen Gesetze Gottes besteht ihr nicht nur aus Leib und Seele, sondern auch aus Strom, der euren Geist entfacht. Dieser Strom wird aufgeladen durch göttliche Impulse. Durch Regungen der Seele bilden sich Reflexe, die auf den Biographen in eurem Gehirn wirken, der die Schwingungen der Seele umsetzt in Radiowellen. Diese fließen, durch große Ströme geleitet, direkt zur Gottheit. Der Natur sind ungeheure Kräfte eingegeben.

Gottheit heißt: der EINE GOTT, der die höchste Spitze allen geistigen Lebens darstellt. Er ist der Gott, dessen Sohn ich bin und dessen Urkraft der Heilige Geist ist.

Gottheit also heißt Dreifaltigkeit. Gottheit heißt aber auch eine über allem menschlich Begreifbaren stehende Erkenntnismacht. Erkannt werdet ihr alle, aufgezeichnet jede eurer Seelenschwingungen, jeder eurer Gedanken, denn nur für das ewige Leben seid ihr erschaffen worden. Völlig sinnlos wäre sonst euer Dasein auf Erden für die wenigen Jahre, die euch hier gegeben sind.
Hemisphären der Beobachtung errichtete Gott auf Sternen der leichten Materie. Sie sind größte technische Wunder, entstanden durch Energien des göttlichen Geistes.

Alles Leben der Erde gleitet nur durch die Hülle der Materie, durch Fleisch und Blut und biologisches Gewebe.

Die Schwelle, die vom Tier zum Menschen führt, wird überschritten, wenn der Heilige Geist sich bindet mit der reinen Kraft, die, durch die Schwere der Elemente gehärtet, in der Natur erwuchs und Grundstoff wurde für den Geist.

Die Entwicklung des Menschen aus dem Tier vollzog sich nicht nur körperlich, sondern auch seelisch. Der Heilige Geist, eingegeben in die ersten Menschen, deren Lebensform noch tierischer Art war, bewirkte die Entstehung des Menschengeschlechts. Die Menschen waren gehalten im Gesetz der Wiedergeburt der Seele — eine Notwendigkeit der natürlichen Evolution. Alles Leben wächst und reift. So wuchsen und reiften auch eure Seelen.

In den großen Kulturepochen der Geschichte nahmen die Menschen, wissend geworden durch mediale Begabung einzelner, Beziehungen zur geistigen Welt auf. Sie erkannten die Dämonen und Götter, die sie dem Stand ihrer Entwicklung nach zu begreifen vermochten. Der bleibende Schatten ihrer Daseinsform aber war ein Unerlöstsein. Sie blieben unerlöst, selbst bei höchster geistiger Reife. Erhielten sie auch Botschaften von den Göttern der Sterne, so blieben sie doch im Reinkarnationsgesetz verhaftet.

Den edelsten der Seelen bereiteten die Sterngötter Aufnahme in einem sphärischen Reich (griechisch Elysium genannt), doch hatten sie von dort aus keine Aufstiegsmöglichkeit zu Gott, ehe sich durch mein Erdenleben die kosmischen Gesetze wandelten.

Erst Gott als Mensch eröffnete den Heilsweg aller Seelen. Der Heilsweg führt in die Welt der Seligkeit, die sich in tausendfältiger Weise blühend über den Kosmos verzweigt, auf Sternen des Lichts und der Wärme, der Lebensfreude und des geistigen Erfülltseins von Aufgaben. Die Sterne der hohen Reife, bewohnt von Menschen in seelischer Gestalt, werden regiert von höchsten Engelswesen, göttlichen Wesen, die auch Himmelsfürsten genannt werden. Durchströmt von Gottes Geist, der sich in seinen Engeln offenbart, sind sie Reiche des höchsten Lebensglücks.

Der Regenerationsprozeß, der sich im Rhythmus der Ewigkeit vollzieht, bewirkt, daß Müdigkeit, Eintönigkeit und Daseinsüberdruß nicht aufkommen können. Regeneriert werden die Lebensgefühle der Menschen, die durch Stammeszugehörigkeit einander verbunden sind, durch Abwechslung der Aufgaben, Wechsel der menschlichen Beziehungen und des Wohnorts sowie durch Reisen und Erlebnisse, die aus dem Alltag ragen. Der Himmel also ist ein hohes Reich, verteilt auf viele Sterne, die voneinander nach irdischem Ermessen zum Teil unendlich weit entfernt, aber durch stromartige Bahnen miteinander verbunden sind. Wie Adern durchfließen diese den Kosmos, so daß von den Menschen gleicherweise wie von Engeln und anderen hochstehenden Geisteswesen alle erstrebten Sterne erreicht werden können. Der Himmel erstreckt sich um eure Erde und euer Planetensystem über die Milchstraße.

Der Blick in die Sterne zwingt euch zur Erkenntnis eurer Bedeutungslosigkeit im Verhältnis der Größen und Entfernungen. Durch die Einstrahlungen des Heiligen Geistes aber seid ihr auserwählt zur Besiedelung der geistigen Sphären des Kosmos. Ihr werdet erwartet in den Reichen des Lichts. Dazu seid ihr geboren: um fortzubestehen!

Starke Ströme steigen auf aus der Dunkelheit ins Licht. Der Blick des Menschen wird sich erweitern und in Lebensräume dringen, die ihm bisher verborgen blieben. Der Reichtum des Lebens ist über unendliche Sternenwelten hingebreitet, in unendlicher Vielfalt. — Auserwählt seid ihr zu hohen geistigen Aufgaben auf Sternen, die ihr besiedeln sollt, der Zeit entzogen, die euch hier gefangen hält.

In der materiellen Forschung ist erklärt, wie Schallwellen fließen. Ähnlich ist es mit euren Gedanken. Sie werden als Strahlensendungen aufgenommen, nach Graden gemessen, geprüft, geordnet, bewahrt oder auch wieder gelöscht. Die kleinen Schwingungen der Alltagsgedanken, die sich um unwichtige Dinge bilden, werden nicht aufgenommen im Buch der Reinheitswerte, sie lösen sich auf. Farblich abgestufte Glanzgrade sind die Wertmessung der Reife oder Unreife einer Seele.

Die Zugehörigkeit zu einer Gemeinschaft des Glaubens allein bedeutet keine seelische Wertsteigerung. Wer die erforderlichen seelischen Reinheitswerte nicht erlangt, dessen Lebenskraft kann sich nicht in die Ewigkeit hinein erhalten. Dagegen sind kleine Makel tilgbar wie Flecken auf einem weißen Tuch. Ist aber das Gewebe zerstört, dann hilft keine Reinigung mehr.

Der bleibende Mensch muß engelsartige Wesenszüge zeigen, denn nur so kann er in den Reichen der Engel leben, aufblühen, wachsen, seinen Geist weiterentwickeln wie seine Fähigkeiten und sich seines Schöpfers würdig erweisen. Erreicht er die Gemarkungslinien des notwendigen Seelenwertes, dann erst ist er Mensch im hohen Sinne des Wortes.

Die harten Gesetze der Natur zeigen euch, daß nur bestehen kann, was stark und gesund ist. Im jenseitigen Leben kann nur bestehen, was rein und edel ist. Diese Naturgesetze kennen keine Milde. Gottes hoher Wille fordert das unvergängliche Leben, er fordert es im Rahmen des kosmischen Bedarfs. Die reichen Felder der Sterne bedürfen der Bebauung durch Geisteswesen, die sich durch seelische Kraft und Stärke gleichermaßen wie durch Milde und Zartheit des Empfindens allen Aufgaben gewachsen zeigen.

Erkennt es: Engel sind lichtgeborene Wesen. Sie sind erhabene Mächte des Geistes und der Liebe. Es war eine Notwendigkeit für Gott im kosmischen Schöpfungsplan, den lichtgeborenen, hohen göttlichen Wesen schattengeborene starke Seelen hinzuzufügen, Wesen der Kraft und Reinheit.

So seid ihr nicht geboren, um selig zu werden, sondern um selig hohe Aufgaben zu erfüllen; selig im großen Liebesband geeint, das sich weithin über die Sphären des Lebens erstreckt.

Das ewige Leben bedarf der Erfrischung durch tausendfältige Wandlungen. Das ist der Himmel: Liebe und Geborgenheit, Arbeit und Erfolg, Anstrengung und Erholung, Mühe und Rast, Ernst und Fröhlichkeit. Freiheitlich eingeordnet in die Gesetze des göttlichen Staates sollt ihr leben, gelenkt von Engeln und hohen Geistesfürsten.

Der sphärische Raum wird von euch selbst ausgestaltet. Die Gesetze der Harmonie bestimmen den Aufbau der Städte und den Ausbau der Landschaften. Der bleibende jenseitige

Mensch ist durchdrungen von Gottes Gefühl, kann also nichts Häßliches bilden. So sind die Bauten der himmlischen Reiche von wunderbarer architektonischer Schönheit.

Der Künstler hohes Glück ist es, dem Schöpfer in tausendfältiger Harmonie des Menschenherzens Dank zu erweisen in Bild und Farbe, Gestalt und Form und in den Klängen göttlicher Musik.

Geschichtsepochen der Erde sind in den Reichen des Himmels bewahrt zur ewigen Erkenntnis der geistigen Entwicklung der Menschheit. Uralte Kulturen findet ihr erhalten in Bauten, Sitten und Gebräuchen der Menschen. Es sind dies die großartigsten Museen der Schöpfung, lebendige Gegenwart der Vergangenheit, die ihr besuchen könnt; Zeugnisse der Gotteskraft, Seines hohen Willens Erfolge im Kampf um die unvergängliche Seele des geistdurchdrungenen Menschen. Zeit und Ewigkeit stufen sich voneinander ab, verteilt auf den Sternen des Lichts. — Ein jeder Mensch, der beim Verlassen der Erde die Unsterblichkeitsreife besitzt, wird nach strengen Gesetzen dorthin verwiesen, wo er sich weiterentwickeln kann, dem hohen Ziel der geistig-seelischen Vollendung entgegen.

Der Heilsweg der Seelen also beginnt in den Zonen der Läuterung und setzt sich fort in den Regionen der Lebensfreude. Heimatlich blühen den Menschen dort die himmlischen Sphären, die Landschaften, Städte, Dörfer und Auen, die Wälder, Berge, Flüsse, die Seen und das Meer. Den Augen der Erdentsprossenen vertraut sind die Blumenwiesen, die Gärten und Felder, ist der Tierwelt vieltausendfache Schöpfung. Alle jene Tiere entstammen der Erde. Gleich geblieben ist ihrer Anmut und spielerischen Lebensfreude heiteres Bild. Entzogen dem schweren Blutgebot, das Töten fordert, um das Leben zu erhalten, befinden sie sich nun in paradiesischen Gefilden, ernährt vom Überfluß einer unerschöpflich reichen Pflanzenwelt, doch auch den Menschen angeschlossen zu deren Freude. Das Bild dieser Welt, das sich dem Neuankömmling zeigt, ist von irdischer Natürlichkeit, doch vom himmlischen Glanz in wunderbarer Weise überstrahlt.

Der Menschen Lebenswandel vollzieht sich hier nach den Gesetzen einer göttlichen Staatsordnung. Niemand lebt seiner eigenen Willkür überlassen. Gebunden an das liebende Herz seines Schutzengels, der ihn auf Erden schon betreute, lebt hier der einzelne seiner Familie zugehörig, in persönlicher Freiheit und Menschenwürde, gehalten im Rahmen des Rechts auf selbständige Wertsteigerung der Seele. In öffentlichen Lehranstalten werden die Menschen geschult, damit der ungleiche geistige Entwicklungsstand der von der Erde Kommenden ausgeglichen wird. Verborgene Talente werden entdeckt und aufgebaut, geheime Sehnsüchte erfüllt und Wünsche verwirklicht, in lebendiger Entfaltung der göttlichen Eingebungen in das Geistwesen Mensch.

Des Daseins bunte Fülle erhält im Wandel des hohen Menschenlebens Glückseinstrahlungen durch das Erleben von Liebe und Freundschaft im schwelgerischen Zusammenklang gleichgesinnter Seelen. Die höchste Seligkeit des Herzens aber erblüht in der Vereinigung mit Gott.

Es gibt im Himmel Stätten der Gottesverehrung, das sind Tempel oder Dome, große herrliche Bauwerke, darin die Menschen sich sammeln zu heiligen Feiern der Liebe. Diese Liebes- und Dankesfeiern werden geleitet von Priestern und Priesterinnen — Menschen allerhöchster Reife. Sie werden vollzogen nach den Zeremonien der demütigen Verehrung des Vaters, des Sohnes und des Heiligen Geistes. Die Anwesenheit des Herrn bekundet sich in Bild und Gestalt.

Der Herr der Menschheit bin ich, Jesus Christus.

Mein Bild, als lebendige Ausstrahlung meiner Person, erscheint in allen Kirchen, Domen und Tempeln gleichzeitig, so daß meine Anwesenheit, die ihr auf Erden nur erfühlen könnt, sichtbar ist. In dieser Ausstrahlung verteilt sich meine Seele tausendfältig. Dies ist das Wunder der Allgegenwart Gottes. Gott ist Person und Strahlung zugleich. Gott ist Mensch geworden in seinem Sohn, und der Mensch Jesus wurde wieder Gott — neben dem Vater, der schauend über allem Lebendigen steht. So ist euer Herr im Himmel wie auf Erden Gott und Mensch zugleich, göttliche Ausstrahlung in menschlicher Gestalt.

Die Ausstrahlung der Liebe bedarf der Erwiderung, denn im Zurückfluten in Gottes Herz steigert sich die urgewaltige Kraft dieses Stromes, der den ganzen Kosmos durchfließt als Pulsschlag des Lebens.

Stern der höchsten Reinheit

Es ist im All ein herrlicher Stern, den wir den Stern der Reinheit nennen. Er ist durch unendlich viele Geschenke Gottes ausgezeichnet vor anderen Sternen. Seine heilige Sphäre ist gehalten im Reichtum der höchsten Schönheit, die sich aus Gottes Seele verströmte. Die heiligen Wesen, die ihn bevölkern, sind Auserwählte, die sich durch große Seelenreinheit erhoben über die Schatten der Reifungszeit zur höchsten Stufe menschlichen Seelenwertes. Den Weg dorthin beschreiten alle Seelen, die den Sphären der Läuterung und jenen der Reifung enthoben sind.

Auf diesem Stern wird ein Zustand von Seligkeit erreicht, der sich nicht in irdische Worte fassen läßt, eine Seligkeit, die durch die Nähe der Gottheit entsteht. Ein aufgeblühtes Reich, gefestigt in den Gesetzen der Ordnung, gelenkt von unzähligen Engeln, erhebt seine Schönheit im Sonnenlicht des Heiligen Geistes über die sphärischen Welten der Unendlichkeit.

Heilige Ströme durchfließen das Land, auf erdähnlichen Wiesen erblühen die göttlichsten Wunder der Natur. Berge und Seen, Wälder und Steppen bereitete Gott seinen erdentsprossenen Lieblingen. Der fernen Gletscher schneebedeckte Gipfel entzücken die Augen der Schauenden, des Meeres Wogen umspülen die sonnendurchwärmten Gestade, der Himmel ergießt sein Blau über den Raum. Des Nachts erstrahlen die Sterne in herrlicher Pracht und geben den Menschen Botschaft von Gottes ewigem Wirken.

Begegnungen zwischen Mensch und Gott

Es gibt der Begegnungen viele zwischen Mensch und Gott. Der zärtliche Vater erfühlt des Menschenherzens Bedürfnis nach Beweisen seiner göttlichen Liebe, seiner Stärke und seiner Macht. Er beweist sich den liebenden, betenden Seelen durch Geschenke der Gebetserhörung, der Erfüllung von Bitten. Er beweist sich aber auch durch seine Engel, sowie durch Schicksalsfügungen unerwartet glücklicher Art.

Niemand, der sein Herz in innigster Liebe an Gott verströmt, bleibt ohne Erhörung, ohne Beachtung. Doch wer sich nicht in Demut und Liebe an Gott verlieren kann, erspare sich die Gebete. Nur im heiligen Strom der Liebe fließen die Gebete zur höchsten Liebesmacht und wirken Wunder.

Aus jedem gläubigen Herzen fließt ein Strom zu Gott, aus den Herzen der Glaubenslosen fließt dieser Strom ins Nichts. Ein Fluten und Fließen geht aus eurer Seele in die Sternenwelt, das nach Strahlungswerten ermessen wird.

Liebe ist eine Strahlung von ungeheurer Kraft. Sie kann das allerschwerste Schicksal wenden: die reinste, tiefste, sich in Demut verströmende Liebe zu Gott!

Und liebt ihr Gott, so liebt ihr Jesus und den Heiligen Geist, denn e i n s ist die Dreifaltigkeit der höchsten Liebe. Bereichert ihr euer Erdenleben um dieses erhabenste Gefühl, dann seid ihr wahrhaft Gottes Kinder, und nichts bedroht euch mehr auf dieser Welt. Ein seliges Erhabensein über den Dingen des Alltags gibt euch Hoheit und Würde, gibt selbst dem geringsten, bescheidensten Menschenleben königlichen Rang.

Eine Stunde der seligen Vereinigung mit Gott bedeutet euch mehr als alle irdischen Genüsse. Neidlos betrachtet ihr den Wohlstand der Begüterten und bedauert diese, so ihr sie als gottesfern erkennt.

Über die Grenzen der Staaten hinweg seid ihr in Liebe miteinander verbunden, als eine große Familie, die sich bewährt im Gefühl der Zusammengehörigkeit.

Gott suchen, heißt Gott finden, denn kein Ruf nach dem Vater bleibt unerhört.

Begegnungen mit Gott vollziehen sich auch durch bewußte Wahrnehmung des Engels, der Gottes Ausstrahlung ist, sowie durch Erkenntnis der persönlichen Gegenwart Gottes, des allmächtigen Schöpfers der Welten.

Solche Erlebnisse haben die Mystiker und jene Menschen, die sich verlieren können an Gott im Gefühl der völligen Hingabe und Selbstauflösung. Wenn alle Gebete enden und sich verdichten in dem einzigen Gefühl: »Dein bin ich und nichts als Dein in Ewigkeit«, dann wird des Lebens höchste Seligkeit empfunden, dann ist Gott augenblicklich anwesend in seiner herrlichen Gestalt, um die blühende Menschenseele liebend zu umfangen. Gott ist nicht gebunden an sein himmlisches Reich, er besucht seine Erdenkinder, und er kann in jedem Augenblick an jedem Ort zugegen sein, wenn der Glanz einer Seele ihn ruft.

Dreieinigkeit

Die Dreieinigkeit ist euch sehr schwer begreifbar. Der Herr im Sternenall ist Gott. Sein Reich ist der gesamte Kosmos. Gott also ist der höchste Geist im Sternenall.

Der Heilige Geist sei euch begreifbar als Strom, der durch alle Ewigkeit und Unendlichkeit fließt, als Licht, dessen sonnenartige Strahlen aus einer überkosmischen Kraft hervorbrechen. Der Kosmos ist begrenzt und dabei doch unendlich durch sein Wachstum. Er ist eine Gestalt von unvorstellbarer Größe. Diese Gestalt wird bestrahlt und durchströmt vom Heiligen Geist Gottes. Der Heilige Geist wirkt wie eine überkosmische Sonne, die auch auf andere Kosmen einstrahlt, die sich im unendlichen Raum befinden, denn unser herrlicher Kosmos ist nicht der einzige Kosmos, den es gibt.

Das All ist voller Wunder, die ein Menschengehirn nicht fassen kann. Der kosmische Geist aber hebt sich von dieser Sonne seines Wirkens ab als göttliche Gestalt, als Gestalt von unvorstellbarer Herrlichkeit.

Durch Teilung dieser Urgestalt Gottes entstand unser Vater, der Schöpfer allen Lebens. Es war eine Teilung, die sich in jedem geistigen Atom vollzog und dadurch die Zweitgestalt bildete. So also ist Gott der Heilige Geist. Und doch wirkt der Heilige Geist als eigenständige Gottheit. Er steht außerhalb des Kosmos, den seine Strahlen durchfließen. Der Heilige Geist erfüllt andere Aufgaben als Gott, der Vater; Aufgaben, die ich euch nicht begreifbar machen kann. Aus dem Vater ward der Sohn durch Geisteskraft. Dieser ging aus Liebe zu den Menschen auf Erden in ein neugeborenes Kind ein, dessen Leben im Leib der unberührten Frau durch Gottes Urgestalt, den Heiligen Geist, erzeugt wurde.

So begreift es nun, ihr Menschen, wie die Gottheit eines Geistes ewiger Urstrom ist und doch in drei Gestalten lebt und wirkt.

Des Lebens heiliger Ursprung

Ein heiliges Gottesgesetz ist das Streben nach Vereinigung des männlichen und weiblichen Geschlechts. Die Erfüllung dieses Gesetzes erhält alles Leben.

Allen Lebens heiliger Ursprung ist das Ein-Geschlecht. Dieses ist Gott, ist Gottes Urgeist, und es gebar Gott und den Sohn. So ward die Dreifaltigkeit. Es gebar geschlechtslose, engelsartige Geistwesen, aber es gebar nicht die seelenbeständige Menschheit. Darin liegt unseres Vaters große Wunderkraft: den Urgedanken der Einheit aufzuteilen und dadurch der Vermehrung ewigen Strom zu bereiten. Der Gott der Schöpfung also erstrebte das Geschlecht, das sich im Stamme niemals trennt und doch getrennt erblüht.

Auch in der Engel strahlendem Dasein blüht der Zauber des Getrennt-Vereinten. Gott, der Schöpfer, der sich in alles Leben verströmt, ist der Geist der Liebe. Durch seine Liebeskraft entstand der heilige, wogende Rhythmus der Zweigeschlechtlichkeit, der ewig neues Leben gebiert und altes Leben jung erhält.

Nur durch der Liebe ungeheure Bindungskraft erhält sich die Gestalt unseres Kosmos, des Kosmos, der ständig wachsend einem Giganten gleicht, dessen Gestirnesgerüst dem Aufbau der Knochen, dessen wogende Strömung dem Blute des Menschen entspricht, dessen Seele aber nur durch der unsterblichen Seelen Einbezogenheit im heiligen Gesamtorganismus Bestand erhält.

Der Embryo ist Gleichnis der Entwicklung. Der Urgedanke: der vollendete Mensch, liegt in jeder weiblichen Eizelle, in jedem männlichen Samen; und er erblüht nach der Vereinigung. Der vollendete Mensch ist gottähnlich in seiner Erscheinung, aber der Weg zur Vollendung ist weit. Der vollendete Mensch der jenseitigen Welt ist von engelhafter Schönheit und Wesensart. Bei jeder Zeugung wird im heiligen Augenblick der Vereinigung von Eizelle und Samen Gottes hoher Auftrag in den Menschenkeim eingeprägt, der Seele Vollendung zu erstreben. Im Keim des irdischen Leibes liegt der ganze Mensch mit seinen biologischen Erbanlagen.

Der Geist des Menschen wird schon im Embryo entwickelt. Die Eingabe des Astralkörpers erfolgt im Augenblick des Ausscheidens aus dem Mutterleib. Wenn das Kind abgenabelt wird, ist dieser schon eingegeben. Er verteilt sich im leiblichen Organismus und vereinigt sich vollständig mit diesem. Das seelische Gehirn übernimmt die Eindrücke des biologisch-geistigen Gehirns und dessen Prägungen.

Über meine Herkunft

Ich weise euch darauf hin, daß ich in meiner menschlichen Gestalt Gottes Sohn war. Durch Materialisierung der göttlichen Ausströmung im Leibe der begnadeten Frau vollzog sich die Befruchtung der Eizelle. Materialisierungen sind euch nicht unbekannt; so könnt ihr wohl begreifen, daß der höchste Gott des Kosmos seines Sohnes Menschendasein erwirken konnte durch Materialisierung seines göttlichen Samens.

Über meinen irdischen Tod

Jene Menschen, die mich kreuzigten und die sich meinen schmachvollen Tod wünschten, wurden von Gott schwer bestraft; denn es war nicht Gottes Wille, mich solchermaßen sterben zu lassen. Sein Wille war die Prüfung der Menschen und die Prüfung meiner Liebeskraft.

Wäre ich nicht gekreuzigt, sondern von den Menschen als Gottes Sohn anerkannt worden, dann hätte sich das Bild der Menschheit gewandelt. Dann wäre ein glückliches Geschlecht aufgeblüht, bestrahlt von heilbringenden Sternen. Doch die Menschen standen geschwächt im Schatten der Unwissenheit und forderten mein Leben — und der Himmel forderte mein Opfer.

Leben sollte ich für die Menschen oder für sie sterben. Der Menschen Glück, das ich ersehnte, war im Erdbereich nicht zu erringen, im Himmel aber erblühte es nach meiner Auferstehung den reifen, edlen, gläubigen Seelen in wunderbarer Weise. Meine letzte Weisung war die Glaubensfestigung durch mein Erscheinen nach dem Tod.

Da ich als Mensch lebte, glaubte ich, durch die Kraft meines Geistes mein Volk und danach die anderen Völker der Erde einer herrlichen Zukunft zuführen zu können. Doch es wurde mir bedeutet, daß mein Vater, der die Herzen der Menschen erschaute, das Schwerste von mir begehrte, was von einem jungen, stolzen Gemüt gefordert werden kann: die Demütigungen durch niedrige, schlechte Seelen zu ertragen im hohen Bewußtsein der eigenen Größe.

Erniedrigt, bespien, verspottet und gequält bis in den Tod des Leibes, das Blut des Vaters hinzugeben, das in meinen Adern floß — das ward mir auferlegt. Ich erlitt es ein erstes Mal am Ölberg von Gethsemane in den schwersten Stunden meines Lebens — doch ich erschaute es in tausend Ahnungen zuvor.

O ihr Menschen, ich kenne der Seele Qualen wie die Qualen des Leibes! Der Menschensohn war Mensch mit allen Ängsten, allen Schmerzen. Viele litten nach mir und siegten im Tod über das Böse der Welt, wie ich über den Geist des Bösen siegte, dessen Spuren sich nur noch im Menschen erhalten haben auf der beschatteten Erde allein; denn der unendliche

Kosmos erblüht in der Allmacht Gottes. Viele litten nach mir, aber keiner durchlitt die Schmerzen des Menschen und des Gottes gleichzeitig.

Das Liebesopfer des Herzens brachte ich für euch, damit ihr aufsteigen könnt in Gottes Welt. Nun weile ich wieder ständig auf Erden, damit das neue Zeitalter beginnen kann, das die Menschheit eine Stufe höher führen soll, dem Licht entgegen — näher dem Vater als je zuvor.

Bedingung

Ich beziehe alle menschlichen Seelen, die sich Gott ergeben, und reinige sie.
Meine Liebe zieht in sie ein, doch auch meine Strenge.
Meine Güte und Nachsicht durchmißt den Raum einer Seele, die sich an Gott verlor, aber auch meine Zurechtweisung.

Es bedeutet dies: Gott ist ein Geist der Bedingung!

Kein Mensch lebt ohne die Bedingungen Gottes,
keiner entgeht ihnen!

Erstrahlt für Gott eine Seele auf Erden, die seine Bedingungen erfüllt, seinen Maßstäben gerecht wird, dann erfülle ich diese Seele mit den Strahlungen meines Wesens.

Diese Strahlungen in einzelne Menschenseelen sind Markierungen. Sie leuchten auf im beschatteten Erdkreis und erhellen ihn.

Das reflektierende Licht aus diesen gebenedeiten Seelen lenkt Gott, einer kosmischen Bedingung entsprechend, in die Sphären des Heiligen Geistes.

So bricht sich meiner Seele Licht im Erdenkreis wie in funkelnden Kristallen, von denen einzelne gleich Beryllen, andere wie Diamanten strahlen; gleich Edelsteinen, die im Druck der Erdgewalten des Lichtes Macht empfingen.

Trost

Seines Lebens Bürde trage ein jeder in Demut, denn Gott ermißt des Herzens Kraft daraus!

Keiner bleibt ohne Stärkung, keiner bleibt ohne Trost, der sein Herz hingibt dem ewigen Herzen der Liebe, der mit seiner Seele die Seele des Ewigen Gottes beschenkt.

Niemand zieht durch seines Schicksals Dunkelheiten ohne L i c h t. Die Brunnen der Liebe fließen euch a l l e n.

Kniet euch nieder in demütiger Ergebenheit und nehmt die Schwere dieses Erdenlebens an!

Und stürzt ihr hin wie Gottes Sohn auf seinem schwersten Weg, unter dem Kreuz der Leiden, die euch aufgelastet werden, so ruft die Engel meiner Liebe an, daß sie euch stärken.

Brach doch auch Gottes Sohn unter der Last der Leiden dieser Welt zusammen und stärkte ihn der Liebe Kraft, daß er sich ganz verlieren konnte — für euch.

Es heilen die Wunden dieser Welt alle in meinem Schmerz,
und alles Leben erblüht mir dereinst in Seligkeit,
in meines Herzens Liebe.

Ruhig erwarte eine jede Seele das Leben im Reich der Unvergänglichkeit, im Reich der Erhabenheit, und schmiege sich in die Arme des Vaters, in Glück und Leid.

Engel sind Gottes Zärtlichkeit,
empfindet sie in jeder Stunde der Erschöpfung!

BOTSCHAFTEN MARIAS

erhalten am Waldkruzifix am 11. 6. 82

Jesus

Jesus ist von einer Hoheit und Würde, von einer Erhabenheit und Größe, die keines Menschen Geist auf Erden erahnen kann.

Wunder über Wunder erschließen sich euch, wenn ihr eingeht in die Welt der Seligen. Das höchste aller Wunder aber, das euch erwartet, ist J e s u s !

Seine Liebe ist groß wie die Ewigkeit.

Seine Liebe dringt ein in die tiefsten Gründe der Verbannten und Verstoßenen und erzwingt die Rettung unzähliger Seelen, die nach den ehernen Gesetzen des Kosmos der Gnade Gottes entzogen wären.

Jesus wirkt im unermüdlichen Einsatz seines Herzens, seiner Kraft, seiner Strahlungen und seiner ihm dienenden Engel.

Seine Gestalt ist die eines hochgewachsenen, vollendet schönen Mannes.
Sein Antlitz ist heiliges Ebenmaß,
von göttlicher Erhabenheit des Ausdrucks —

Ecce homo — ecce Deus !

Niemand lebt in unserer Welt, der ohne Tränen vor ihm kniet, wenn er, von ihm gerufen, die zärtliche Berührung seiner Hand auf Haupt und Stirn empfängt.

erhalten in der Kirche Maria Wörth,
Kärnten, am 27. 8. 1982

Über die Menschheit dieser Zeit

Es ist Jesu Wunsch, daß du davon Kunde gibst, wie eingebunden seine Seele ist in die Schmerzen dieser Erde. Kunde davon, daß die Schatten der menschlichen Verderbnis hinreichen bis in die Sphären des Lichts; daß Hoffnung mit Verzweiflung kämpfte in seinem, Jesu, Herzen, ehe er sich entschloß, diese Menschheit vor dem Untergang zu retten; daß er seine Hände über die reinen Seelen auf dieser Erde schützend ausbreitet, um Brand und Tod zu wehren.

Unendlich viele Keime menschlicher Seelen liegen noch im Garten der Erwartung und sollen auf dieser Erde erblühen!

Ohne seines Willens geballte Kraft stünden die Gottessöhne in den Sternen ohnmächtig und schmerzgelähmt dem Gram des Vaters gegenüber; ohnmächtig und schmerzgelähmt ließen sie diese Menschheit im selbstverschuldeten Chaos untergehen, diese Menschheit, die sich groß und wissend, stark und mächtig dünkt, doch elender im Leben steht und nichtswürdiger das herrliche Gut dieses Planeten verwaltet als je ein Menschengeschlecht zuvor!

erhalten am Waldkruzifix
am 2. 5. 82

Mahnung

Eine Sternenmacht wird sich erheben, die zeitlos waltet — eine Macht, die kein Erbarmen kennt —, wenn nicht Scham in euch aufbricht und Reue über den Notstand eurer Liebe!

Wenn nicht Reinigung vollzogen wird und Wandlung,
wenn Machtbegierden nicht Beschränkung finden,
wenn eure Herzen kalt und unentzündbar bleiben vom
Feuerstrahl der Liebe Gottes,
dann wird der Geist des Grauens
dieser Erde sich bemächtigen!

Entschlossen ist die Gottheit, der Menschheit diese letzte Prüfung — ohne Nachsicht, ohne Milde allerhöchster Richter — abzufordern!

Entschlossen ist die Gottheit, falls die Liebe Jesu zu den Menschen hier im Staub der niedrigen Gesinnung untergehen sollte, ein heilig-hohes, ewiges Gesetz walten zu lassen, ein Gesetz der Urnatur des Kosmos, das Untergang verlangt, wo Verderbnis wuchert.

Denn ehe ein Organ des Körpers in Fäulnis übergeht und den gesamten Organismus schädigt, w i r d e s g e t i l g t !

O ihr Menschen, entzieht euch nicht dem heiligen Walten, das der Herr geschehen läßt, um euch zu retten!

Ohne Jesus ist die Welt verloren,
ohne I h n kein Heil
und keine Zukunft
für die Menschheit!

erhalten am Waldkruzifix
am 12. 8. 1982

Betet zu Jesus

Göttliche Kraft wirkt über die Welten hin,
göttliche Gedanken ordnen den Kosmos.
Jesus aber ist bei all der Unfaßbarkeit seiner Aufgaben immer ruhig, erhaben und frei.

Sein Geist und seine Seele sind i m m e r f r e i.

Im Glorienschein seiner Herrlichkeit wirken die Gewalten, wirken die Mächte, wirken die Heerscharen der Engel. Sonnengleich überragt er sie alle und ist doch von menschlicher Gestalt, von menschlichem Wesen und von menschlichem Empfinden.

Ohne Scheu wendet euch daher immer an ihn — auch in des irdischen Lebens Wirrsal, in des Alltags Verstrickung. Wendet euch an ihn, denn niemals empfindet er Gebete als Störung!

VERSCHIEDENE AUSSAGEN

Osario über Jupiter

Den Herrscher über den Planeten Jupiter nennen wir Emilius. Er bestrahlt alle Menschen. Steht er günstig im Sternbild bei der Geburt, bringt er Glück und Erfolg ins Menschenleben. Ihr könnt seinen Einfluß verstärken, wenn ihr den festen Willen habt, glücklich und erfolgreich zu leben. Jeder Mensch hat die Möglichkeit, glücklich zu werden, auch wenn seine Sterne anfangs nicht günstig stehen. Das Geheimnis des Glücks ist ein starker Wille und die feste Überzeugung, es sich erringen zu können.

Ihr alle habt die Möglichkeit, euch an die Sterngötter zu wenden und sie um Hilfe zu bitten oder sie durch starke Gedanken auf euch aufmerksam zu machen. Sie sind Ausübende des allerhöchsten Willens. Vergeßt es darum nie, euch zu Beginn und am Ende eures Gebetes in Liebe und Dankbarkeit an Gott zu wenden!

Gott ist ein Geist, dessen Größe und Bedeutung ihr euch nicht vorstellen könnt. Er ist der erhabenste Geist im All, Sein Wille durchdringt den ganzen Kosmos. Die Liebe Seines Herzens überstrahlt und durchflutet alles Leben.

Glück und Unglück des Menschen liegen nicht allein in den Sternen, sondern in seinem Herzen. Es ist ein Geheimnis, das ich euch eröffnen möchte: Euer Glück ist das große Ziel Gottes. Ein freies, frohes, glückliches Menschengeschlecht sollt ihr werden, aber ihr sollt wissen, daß das wahre Glück oft anders ist, als ihr es euch vorstellt. Es ist nicht Reichtum. Reichtum kann sogar Unglück bedeuten. Er kann den Menschen, die ihn besitzen, sehr schaden, er kann sie seelisch verarmen lassen. Zum wahren Glück gehört es, auch das Leid des Lebens kennenzulernen.

Alles erfüllt sich in einem glücklichen Menschenleben. Es muß eine Seele auch die schweren Stunden des Erdenlebens tapfer ertragen können, um aufnahmefähig zu werden für das wahre Glück, das ihr alle erstreben sollt. Emilius ist es, der eure Herzen stärkt und die Wege zum Glück ebnet.

Sixtus über Wohlstand und Pflichten

Das Erdenleben ist nur ein Auftakt
zur Sinfonie des wirklichen Lebens.

Ein oberflächliches Glück erstrebe niemand, es bedeutet Schweres. Den gleichmäßig sorglos und unbelastet dahinlebenden Menschen werden zum Ausgleich für das müßige Dasein auf Erden nach ihrem irdischen Tod schwere Aufgaben zuerteilt, besondere Pflichten auferlegt und besondere Leistungen abverlangt.

Wenn sie edel lebten, also gute und ordentliche Menschen waren, haben sie dann die Möglichkeit, seelischen Rang und geistige Wertsteigerung zu erringen durch Aufgabenerfüllung in den dunklen Bereichen der Sphären. Wurden sie in ihrem Erdenleben bezwungen von menschlichen Schwächen, wie Unmäßigkeit im Genuß, Eitelkeit, Hochmut, Lieblosigkeit gegenüber ihren Nächsten, Rohheit gegenüber Schwächeren, Kälte und Erbarmungslosigkeit gegenüber Tieren, Gleichgültigkeit gegenüber Leid und Schmerz anderer, Heuchelei, Falschheit und Schwatzhaftigkeit, »üble Nachrede«, wie ihr es nennt, so müssen sie sehr, sehr lange schmachten in den Zonen der Läuterung, ehe sie in höhere, lichte Räume gelangen können. Blieben sie jedoch gute Menschen, so werden sie nach ihrem genußreichen Erdenleben, in dem sie in Wohlstand schwelgten, zu schweren Aufgaben beordert.

So gleichen die Götter alle Schicksale einander an. Denen, die hier Leid zu tragen haben, sei dies ein großer Trost, denn dieses Leid ist nur eine Vorstufe zu allerhöchstem Glück im Leben der Zukunft.

Gerecht ist der Himmel, wie ihr es euch nicht vorstellen könnt.

Sixtus über Gebete

Der Herr ist gegenwärtig in seinem
Engel, schweigend und sprechend.

Stärker sollen alle Menschen auf die innere Stimme hören, sollen durch Gebete Gottes Engel an sich binden. Sehr viel Leid wird dann verhindert, anderes gelindert, abgeschwächt. Gebessert aber wird auf Erden jedes Menschenleben durch der Engel Hinwendung zum einzelnen.

Auch die Kinder lehret beten! Durch der Eltern tägliches Gebet bilden sich Schutzströme über den Kindern. Alle Eltern sollen die Engel ihrer Kinder anrufen, sie ansprechen. Durch Gottes allerhöchste Gnade und Liebe bleiben sie dann in eurer Nähe.

Viel zu wenig wird gebetet. Viel zu schwach sind die Gebete der Liebe, die zu Gott dringen. Starke Ströme sendet auf zum Himmel! Aus der Tiefe eurer Herzen ruft den Vater an und schenkt ihm eure Liebe jeden Tag in guten, klaren Worten!

Sixtus über Krankheit und Heilung

Die Seele ist am Heilungsvorgang jeder Krankheit beteiligt. »Seele« nenne ich den Astralkörper, der durch die Empfindung und das Gemüt gesteuert wird. Die Empfindung, die sich in Gedanken ausdrückt, bewirkt, daß Einströmungen erfolgen in das erkrankte Gewebe. Sind die Empfindungen negativer Art (Zwangsvorstellungen, Ängste, Niedergeschlagenheit und Resignation), so sind auch die Einströmungen negativer Art. Die starken, guten kosmischen Einströmungen werden verhindert. Es gibt viele schädigende Ströme auf der Erde. Die Wettereinflüsse auf eure Gesundheit sind euch allen bekannt. Wasseradern, über denen ihr lebt, sowie radioaktive Strahlen können euch schädigen. Es wirken der Mond und die Sonne sowie auch fernerstehende Planeten auf euch ein. Die Erde selbst beschädigt eure Gesundheit durch Strömungen aus Erdmetallen und Strahlungsfeldern, die sich auf ihr bilden. So lebt ihr ständig in Bedrohung eures Lebens und in Gefahr, es zu verlieren.

Durch heilige Ströme aus dem Kosmos aber könnt ihr euch wappnen gegen diese Bedrohung. Ein weitverzweigtes Feld aus Energien liegt über euch. Aus diesen beziehen die Engel ihre Kraft. Wenn ihr glücklos und ratlos seid, wenn Leid und Krankheit euch zu Boden drücken, dann denkt daran und bittet Gott um Hilfe. Durch das Gebet wird den Engeln Macht erteilt, die Macht, den Reichtum aus der Atmosphäre gezielt auf euch zu lenken, und euer Erdenleib bezwingt dann die Bedrohung. Geschützt von euren Engeln seid ihr alle, sonst würdet ihr untergehen.

Ihr, die ihr dies lest, seid wissend geworden. Leitet die Strömungen des Himmels verstärkt zu euch, und ihr könnt Heilung finden, selbst bei den hoffnungslosesten Leiden.

Sixtus über sein Wirken

In schweres Schicksal einzugreifen ist mein göttlicher Auftrag, den ich erfülle in der seelischen Einstrahlung Gottes, des Vaters, des allgewaltigen Herrschers über Himmel und Erde, über Zeit und Ewigkeit, über Raum und Unendlichkeit, über Licht und Schatten.

Ich bringe den heiligen Stern der Hoffnung zum Erleuchten, wo Lebenskraft gebraucht wird.
Ich ziehe alle Kräfte an, die Mut und Halt geben.
Der Schutzengel heilige Schar beglücke ich durch Denkeingebungen in aufgeschlossenen Menschengeist sowie durch Reinigung von Herz und Verstand ungenügend erleuchteter, zweifelnder, suchender Ärzte, denen ich Heilserfahrungen erschließe.

Das Reich der Schwere ganz mit dem Licht des Himmels zu durchdringen, ist unmöglich.

Gebunden an die Naturströmungen dieser Erde sind die kosmischen Mächte.

Die Erhaltung des irdischen Lebens streben die liebenden Engel mit aller Kraft an. Sie breiten ihre Schutzstrahlen aus über die ihnen anvertrauten Menschen und stärken deren Lebenswillen.

Ein klares Schauen auf den Tag des Abschieds, auf den vorbestimmten Tod des Leibes, übersteigt die Seelenkraft der meisten Menschen. Nur ungewöhnlich starke Seelen vermögen dies.

Jeder Reinigungsvorgang im Körper setzt Lebensmut voraus. Entschwinden die dunklen Strömungen im Blut des Menschen, ist neues Lebensglück auf Erden geschenkt.
Doch nur für abgemessene Zeit. Es lebt kein Wanderer auf diesem Stern, der sich den hohen Gesetzen der Schicksalsgewalten entziehen kann. Nur die Frist bis zur Vollendung des Lebens kann (bisweilen bedeutend) verlängert werden.

S a m e n d e s L e b e n s seid ihr hier nur, die in unserer Welt voll erblühen sollen; Samen, die wir liebevoll hegen und schützen auf dieser dunklen Erde.

Benedicta

Über das Leben der Engel auf Erden

Wir Engel sind Schwingungen des Lichts im Strahlenkranz Gottes.
Wir Engel sind gleichgebliebene Seelen im ewigen Licht, entsprungen der Liebe Gottes.
Nur die Trübung dieser Erde beschattet uns, nur die Leiden

dieser Erde beweinen wir. Gäbe es nicht die Stärkung Gottes, wir würden im Leidensstrom dieser Erde vergehen; erhielten wir nicht die Strahlungen s e i n e r Kraft, wir stünden sterbensmatt in dieser Sphäre der Bedrängnis.

Glück allein seid hier ihr liebenden Seelen für uns, Glück allein sind uns eure stummen, innigen Worte der Liebe, Licht allein sind uns eure Gedanken.

Gedanken, geheiligt im Gebet, entsprungen dem tiefsten Inneren des menschlichen Herzens, sind sie der Quell der Liebe, der uns hier geschenkt ist, hier, wo auch wir — ja auch wir — uns zu bewähren haben im ewigen strengen Gesetz, das da lautet:

Licht sollt ihr bringen in Dunkelheit,
Wärme sollt ihr bringen den Frierenden,
Süße den Verbitterten,
Gnade den Entglittenen,
Entlastung den Gebürdeten,
Seligkeit den Erkennenden!

Dieses sollt ihr wissen:
Der Raum dieser Erde ist glanzlos und trübe, kalt und dunkel für uns Engel, wenn nicht eure Herzen uns hier erglühen, wenn nicht eure Seelen Gottes Licht widerspiegeln. Glücklos leben wir auf diesem harten Stern, glücklos unter den Menschen dieser Erde, wenn ihr uns nicht entgegenstrahlt, was Gott euch eingegeben hat:

den Funken des Lichts
aus Seiner ewigen Herrlichkeit,
der euch innewohnt,

den Abglanz Seiner menschlichen Seele,
die sich in J e s u s offenbart.

Glücklich aber weilen wir unter euch, wenn dieses uns geschieht, wenn eure Seelen sich entfalten — durchdrungen, geweiht und geheiligt von des Gottessohnes unermeßlicher Liebe.

Nur so gehört ihr uns an — nur so, in dieser erhabensten Schwingung!

FRAGEN UND ANTWORTEN

Jesus antwortet auf meine Fragen

Im Johannesevangelium steht: »Ich bin ausgegangen vom Vater und in die Welt gekommen. Ich verlasse die Welt wieder und gehe zum Vater.« Heißt das, daß du Gottes Sohn warst und inkarniert wurdest, oder bist du erst hier als Gottes Sohn entstanden?

Ich stamme aus dem Sternenreich des Heiligen Geistes, aber Gottes Menschensohn wurde ich erst durch dieses Erdenleben.

Auf meine Frage nach der Bedeutung des Altarsakraments, die ich als Nichtchristin nicht verstand, schrieb mir Jesus:

Ich sagte sinngemäß zu meinen Jüngern, als wir das letzte Mal beisammen waren: Seht dieses Brot, es ist mein Fleisch; seht diesen Wein, es ist mein Blut. Es ist mein Blut, das ihr aufnehmt in euch, wenn ihr diesen Wein trinkt. Es ist mein Fleisch, das ihr aufnehmt in euch, wenn ihr dieses Brot eßt, denn es ist das Begehren meiner Liebe, daß ich eingehe in euch. Es ist das Gebet meiner Seele, daß diese Speise und dieser Trank, euch gereicht, euch das beseligende Gefühl des Einswerdens mit mir gebe. So wie dieses Brot und dieser Wein aufgenommen werden von eurem Leib, soll meine Seele aufgenommen werden von euch, auf daß meiner Seele Glut euch durchfließe wie dieser Wein und meine Liebe euch stärke und sättige wie dieses Brot.

Als ich einmal beim Entgegennehmen einer Botschaft, beeindruckt von deren sprachlicher Schönheit, an Jesus als Mensch und seine Zeit dachte, kam mir die Frage in den Sinn: Woher kannst du so gut Deutsch? — In sanfter Handführung, wie von einem nachsichtigen Lächeln begleitet, erhielt ich die Antwort:

Wer, glaubst du wohl, hat die Kultursprachen entwickelt?

Maria antwortet auf meine Fragen

Du denkst an all die Tränen, die ich um Jesus geweint habe? Ja, meine Tochter, es war dieses Geschehen in jener Zeit entsetzlich. Aber ich wußte ja, daß Jesus weiterleben wird und daß er Gottes Sohn war. Das ließ mich dieses allerschwerste Leid ertragen. Ich hatte sehr große Sorge all die Zeit des Lebens um Jesus. Als Entgelt für die vielen angstvollen Jahre erhielt ich die Begnadung, den Gottessohn auferstanden sehen zu dürfen. — Ich sah ihn in wunderbarer Verklärung.

Sah er anders aus, schöner als zuvor?

Oh, Jesus war auch als Mensch ein sehr schöner Mann; also dem geborenen Menschen gab Gott ein wunderbares Gesicht. Es ist so, daß sich Jesus nur wenig verändert hat in seiner seelischen Erscheinung. Ganz herrlich sieht er aus.

Du zeigst dich auch bisweilen besonders empfänglichen Menschen, wie damals in Lourdes?

Ja, denn ich liebe die Menschen und gebe ihnen soviel Hilfe, wie mir nur möglich ist.

Du siehst so schrecklich viel Leid: Wie kannst du damit leben? Bist du glücklich?

O Herz, glücklich? Selig sind wir in unserer Welt! — Und all das Leid dieser Erde sehen wir an, wie man kleine, zeitlich begrenzte Erkrankungen ansieht.

Doch manche Menschen müssen hier so Furchtbares erdulden, und du weißt davon.

Die Menschen sind auf der Erde, um sich auf das wirkliche Leben vorzubereiten. Diese irdischen Schmerzen vergehen.

Ja, ich weiß, was es heißt, Leid zu ertragen, aber es dauert doch nur eine ganz kurze Zeit, gemessen an der Ewigkeit des seligen Lebens.

Und die Not der unschuldigen Tiere, die hier gequält oder mißhandelt werden?

Auch ihr Leid geht vorüber; auch ihre Seelchen werden ausgereift und schließlich erhoben. Doch ist es wohl zu schwer für euch, dies zu begreifen.

O meine Tocher, eine herrliche überirdische Welt ist es, in der wir leben. Dort gibt es kein Leid mehr, weder bei den Menschen noch bei den Tieren. — Selbst wenn du tausend Jahre auf Erden leben würdest, könntest du dir die Seligkeiten nicht erträumen, mit denen Gott die unsterblichen Seelen beschenkt.

Sixtus zu meinen Gedanken über die Grausamkeiten der Inquisition

Gerichtet sind alle, die im Namen Gottes Grausamkeiten verübten, schrecklich bestraft nach den Gesetzen der Gerechtigkeit. Doch jene seelisch entarteten, wahnumflorten Teufelsjäger, die durch Folterungen und Verbrennungen die Religion der Liebe und Barmherzigkeit auf das entsetzlichste mißachteten, seien dir kein Maßstab bei der Beurteilung der Kirche. Denke an die großen, edlen Erbauer und Erhalter des reinen Christentums, die allzeit Gottes Freude waren, und sinne nicht über Geschehnisse nach, deren Erklärung im Blutstrom eines urzeitlichen dämonischen Erbes liegt, dessen restlose und endgültige Überwindung das hohe Ziel der heiligen Liebe des Gottessohnes Jesus Christus ist.

Benedicta zu denselben Gedanken

Die schweren Gedanken verdränge und schenke deiner Seele Lebensglück dem Schöpfer. Alles Schreckliche, das geschehen ist, vergeht vor der Seligkeit des ewigen Lebens, vergeht in der Schwingung der himmlischen Daseinsfreude wie ein böser Traum vor der Wirklichkeit eines strahlenden, sonnigen Morgens. Grauenvolle Zerrbilder des Menschen entstanden aus seelischem Abschaum, der sich über der großen Zahl der edlen Seelen bildete. Seelen sind wie Wein, der reifen muß. Gärung bringt den Most zum Schäumen. Glutvoll schimmert zuletzt im reinen Kristall der Wein als der Trauben erstrebte Wandlung, und keiner gedenkt mehr des Abschaums.

Benedicta

(In niedergeschlagener Stimmung hatte ich über die Mißstände auf Erden nachgedacht, über menschliche Bosheit und Schlechtigkeit und über das Leid der Unschuldigen.)

Benedicta sagte dazu:

Sei glücklich und reinige deine Gedanken vom Schmutz dieser Welt!

Der höchste, schönste, herrlichste Gedanke stehe immer über allem, was irdisch ist!

Gott zwingt das Böse im Menschen zur Selbstvernichtung. Die Selbstvernichtung des Bösen ist es, was ihr »Hölle« nennt.

Jede Grausamkeit, jede böse Tat des Menschen fällt auf ihn zurück.

Kann Gott das Böse nicht verhindern?

Gottes Macht ist unbeschränkt, doch ist es Sein Wille, daß der Mensch sich selbständig entwickelt.

Aber wir haben doch Engel, die uns helfen ...

Ja, wenn ihr sie anruft, wenn ihr sie schalten laßt. Wenn sie in eurer Nähe weilen können, dann stärken sie euch.

Wann können sie nicht in unserer Nähe weilen?

Sie können nicht bei euch weilen, wenn Stirn und Herz sich verschließen gegen göttliche Einstrahlungen.

Und wenn dies Krankheit ist? Seelische Erkrankung etwa, weil ein Mensch zu wenig Liebe empfing, zu viele Enttäuschungen durchleiden mußte oder weil er erbbiologisch belastet ist?

Ist ein Mensch biologisch belastet, bedeutet das, daß der Leib gestört ist. Ein gestörter Leib kann die Seele schädigen, wie die gestörte Seele den Leib schädigen kann.
Ist die Seele geschädigt, dann zieht sich der Engel, einem kosmischen Gesetz gehorchend, zurück.

Das ist aber sehr traurig, denn gerade dann bräuchte der Mensch seinen Engel!

Der Engel zieht sich zurück und beobachtet seinen Menschen. Jeder Gedanke wird geprüft, jedes Gefühl wird ermessen, jede Handlung und jede Reaktion beurteilt.

Wenn ihr Engel solchermaßen zurückgezogen nur beobachtet und prüft, handeln und wirken dann andere, b ö s e Kräfte auf den Menschen ein?

Ja, böse Kräfte sind sehr schnell zugegen, wenn ein Mensch sich treiben läßt, doch sie sind völlig machtlos, sobald der Mensch seinen Engel herbeiruft.

Wenn der Mensch aber zu unwissend ist, um seinen Engel herbeizurufen, wenn er ungläubig oder noch in kindlichem oder jugendlichem Alter, also unreif ist?

Dann greifen andere Mächte ein, allerhöchste Beurteiler und Beobachter der seelischen Entwicklung.
Sie bewerten den Lebenskern und richten danach das Schicksal aus, also sie führen den Menschen in andere Lebensverhältnisse, in andere Gemeinschaften, in andere Beziehungen, um den Kern des Wesens zur besseren Entfaltung zu bringen. Menschen werden zueinander gelenkt, um aneinander zu reifen.

Engelsrüge

Benedicta:

Du bist verstimmt durch die schmerzliche Erkenntnis deiner Schwäche.

G e m e s s e n u n d b e u r t e i l t wird dein Verhalten!

So setze dich über Zorn und Ärger hinweg und lerne es, deine Gedanken besser zu beherrschen — jene Gedanken, die dem Boden der Erde zu sehr verhaftet sind!

Schaden hast du erlitten und siehst keinen Sinn darin, du drückst dich nieder durch die Gedanken des Ärgers, der Vorwürfe und der Selbstanklagen. In jedem Leben aber gibt es unvorhergesehene Schädigungen, Störungen und Verluste. Darum klage du nicht! Dem Menschen fällt oft Schweres zu, doch der Liebesbund mit dem höchsten Herzen leitet viele Schicksalsschläge ab.

Reue und Selbstanklage sind in solchen Fällen nicht gottgewollt. Gottgewollt ist die Erhebung über die irdischen Mißstände, Schmerzen und Fehler, die jedem Menschen unterlaufen können. Sich abfinden mit dem, was geschehen ist, und das schwankende Schiff unbeirrt weitersteuern — dem heiligen Ufer entgegen!

Wenn du ein kleines Unglück erlitten hast, dann geschah dir dies, damit du dich darin bewährst. Hast du dich gut darin bewährt, so stellt dir der Himmel dafür ein kleines Glück bereit, das nicht eingezeichnet war im Plan deines Schicksals, denn gute Bewährung bei Störungen und Verlusten, bei Ärger und Verdruß wird selten erst im Himmel belohnt. (Kummer und Leid werden mit größeren Liebesgaben entlohnt, als solche kleinen irdischen Glücksgeschenke es sind.)

Bewährung heißt: zur Selbstüberwindung gelangen, keine stundenlangen Klagen und Anklagen führen, keine reuevollen Selbstbeschuldigungen, keine sinnlosen Zorn- und Wutempfindungen gegenüber dem Verursacher des Verlustes. Ein klares Erkennen des begangenen Fehlers genügt und reicht aus zur Lehre für ähnliche Lebenssituationen.

Nach der Erkenntnis aber soll der Mensch zur stillen Einsicht der Vernunft gelangen, das Unabänderliche hinnehmen und sich darauf besinnen, daß alle irdischen Erfahrungen nur ein stufenweises Aufwärtssteigen bedeuten, wobei jeder einmal stürzen kann.

Benedicta zu weiteren Fragen

Stimmt es, daß alle Engel einmal Menschen waren, wie Swedenborg sagt?

Engel waren keine Menschen, abgesehen von jenen, die sich freiwillig bereit erklärten zur Inkarnation. Die Entwicklung der Menschheit läßt sich im Buch des Lebens ablesen nach Jahrtausenden. Engel aber sind Ausstrahlungen Gottes, und Gott ist ewig.

Die heiligen Geheimnisse der Menschwerdung sind auch den Eingeweihten und Erleuchteten dieser Erde nie vollends entschleiert worden. Die Seele des Menschen ist Gottes höchstes Lebenswunder: unendlich vielfältig gebildet aus Licht und Schatten, unendlich begnadet im Erwachen zur seligen Erkenntnis Gottes, unendlich gebenedeit im Gebot der Liebe des Schöpfers.

Die Menschenseele von höchster Reifung ist engelgleich, also reinste göttliche Schwingung.

War Maria die Inkarnation eines Engels oder einer Göttin, etwa der Sterngöttin Hera oder der Gaia, Rhea oder Kybele?

Maria ist als reinste Blume der Erde entsprossen, geheiligt durch die Seelenreife, die sie errang. Das Göttliche mußte sich mit dem Menschlichen vereinigen, damit der Sohn als Gott und Mensch geboren werden konnte. Maria steht also außerhalb der Throne und Mächte, sie kann nicht gleichgestellt werden mit den bekannten und unbekannten höchsten weiblichen Engelswesen. Sie lebt ohne gleichgestellte Schwester in göttlich-königlichem Rang.

Waren Gaia und Rhea Göttinnen?

Sie waren keine Göttinnen, sondern Vorstellungen der Menschen von einer gebärenden weiblichen Urgottheit. Es ist die Urkraft Gottes aber nicht gebärend allein, sondern zeugend und gebärend zugleich. Sie ist der Wille zum Leben im Heiligen Geist.

Gott und die Dreieinigkeit ganz zu verstehen, bemüht euch nicht. Ihr erlernt es in den höheren Sphären. Doch sei noch gesagt, daß das Wort »Vater« für Gott erhalten bleiben soll. Jesus ist eigenständiger Sohn im einheitlichen Willen und Gefühl Gottes. Jesus ist Mann in höchstem vergeistigten Sinne.

Aufgeteilt im Ebenmaß ist das weiblich-männliche Geschlecht in den Sphären Gottes. Die Liebesbeziehungen der Sternmächte und Engelswesen stehen hoch über den menschlichen Begriffen von Ehe und Geschlechtsvereinigung. Sie sind notwendige Impulse des Lebens, notwendig auch für die Menschheit der Erde.

Ist Gott männlich und weiblich zugleich?

Gott steht über den Begriffen Mann und Weib. Er ist die höchste Macht der Liebe, die über allem steht, was Zeit und Ewigkeit besitzen. Sein Gefühl ist Strahlung in jede Seele und Strahlung aus jeder Seele. Seine Hoheit und seine Geisteskraft sind unbegreifbar für euch Menschen, seine Liebe aber könnt ihr selig erfühlen.

Gottes Liebe ist Allvereinigung, Allvermählung, ist Zärtlichkeit im heiligsten Sinne. Schmiegt euch wie Kinder an Gott, und ihr erfühlt sie. Engel sind weiblich oder männlich in erhabenster Vollendung.

Nochmals zu Swedenborg: Warum schrieb er, daß es keine Dreieinigkeit in drei Personen gibt, sondern nur Einen Gott, und dieser sei Jesus?

Weil auch Swedenborgs Schauungen begrenzt waren. Die Dreieinigkeit in drei Personen ging gegen seine seelische und geistige Grundeinstellung. Die Eingebungen des Himmels müssen mit der Grundschwingung der Seele des Empfangenden übereinstimmen, sonst stellen sich Ungenauigkeiten ein. Auch ist Swedenborgs Darlegung insofern nicht falsch, weil Gott gelebt hat in Jesus. Jede Empfindung Jesu ging als Ausstrahlung in Gottes Seele ein. Der Heiland heilte auch die Wunden des väterlichen Herzens durch seine Liebeskraft. Das Vater-Sohn-Verhältnis Gottes ist vom menschlichen Geist, der sich hochentwickelt hat durch Erfahrungen, schwer zu verstehen. Es ist einem menschlichen Vater-Sohn-Verhältnis nicht vergleichbar.

Der Heilige Geist ist die Strahlung Gottes, beschauendes Allwesen und eine durch alles Leben schwingende Kraft.

Jesus sprach zu mir von »dunklen Mächten«, die uns in Versuchung führen können. Was hat er damit gemeint? Gibt es Teufel oder Dämonen?

Gottes heiliger Geist durchstrahlt den Kosmos. Diese Strömung bedeutet Lebenslust und Freude. Er durchflutet nicht die Schattenwelt der Bestrafung. Die Schattenzonen sind notwendig für die Reinigung der Seelen. Die Ausübenden der gerechten Bestrafung sind gefühl- und seelenlose roboterähnliche Wesen. Ohne jegliches Empfinden vollziehen sie nach der Verurteilung des Menschen die ihm auferlegte Strafe. Wer etwa hier gefoltert und gemordet hat, muß alle Schmerzen, die er verursachte, bei voller Empfindungsstärke am eigenen Leibe erdulden.

Kein hohes Geistwesen, also kein Engel oder hochentwickelter Mensch, wäre fähig, derart abscheuliche Handlungen zu wiederholen, wie sie gottlose Menschen verüben. Diese Roboter oder Phantome sind das, was die Menschen vielfach als Teufel wahrgenommen haben. Sie sind von häßlicher Gestalt und haben erschreckende Gesichter, denn sie sind tote Wesen, also nur bewegliche Werkzeuge des Strafvollzugs, die ein- und ausgeschaltet werden. Die Engel der Schattenwelt gebrauchen sie.

Die dunklen Mächte, von denen ihr beeinflußt werden könnt, sind menschliche Seelen, deren Minderwertigkeit sie an die Erde bannt. Sie suchen Verbrüderung mit gleich minderwertigen, dem Bösen gegenüber anfälligen Seelen, durch die sie ihre Kraft zu vermehren hoffen. Sie sind nicht immer »arme Seelen«, die geduldig und reuevoll auf Erlösung hoffen, sie sind oft sehr böse Seelen, die genau wissen, daß sie wieder in die Schattenwelt zurück müssen, die sie schon kennenlernten. Sie hassen alles Edle und Reine, dem sie nichts anhaben können, und versuchen ihre Beeinflussung Menschen gegenüber, deren Gedanken ins Böse abgleiten; also sie wollen diese gewinnen und führen sie in Versuchung. Auch labile Seelen, die im Grunde nicht schlecht sind, sind gefährdet.

Gehalten im Gesetz der freien Geist- und Seelenentwicklung, das dem Naturgesetz gleicht, wonach nur das Starke sich fortpflanzt und das Schwache untergeht, dürfen sie eine abgemessene Zeit hindurch wirken, bis sie, zurückgerufen in die sogenannte »Hölle«, den weiten Weg durch Schmerz und Nacht zum fernen Licht einer Wiedergeburt gehen.

Betet zu Gott, er möge sie von euch fernhalten, wenn ihr euch schwach fühlt, und betet zu Jesus, er möge euch vor jedem bösen Einfluß abschirmen! Diese »Teufel« also sind verdorbene Menschenseelen.

Dämonen sind Erdgeister. Sie entstehen und vergehen; Gott beachtet sie nicht. Sie sind seelische Abfallprodukte, die ebenso, wie sie sich bildeten, wieder auseinanderfallen. In der geistig hochentwickelten Kulturmenschheit gibt es solche Erscheinungen nicht. Sie entstehen aus den wilden Urtrieben primitiver Menschen; in manchen Stämmen der Naturvölker bilden sie sich noch heute. Durch Missionsdienste, die klug und rücksichtsvoll ausgeübt werden sollen, vergehen sie auch dort.

Gibt es auch gute Menschengeister, die hier wirken? Und kommt es vor, daß ehemalige Verwandte, also Familienangehörige oder Freunde, zur Erde dürfen?

Ja, es gibt hochentwickelte Menschenseelen, die engelsgleich wirken auf der Erde. Sie kommen aus den Sphären des Lichts und stärken euch. Auch Familienangehörige oder Freunde dürfen ihren hier lebenden Lieben helfen, wenn sie von dem starken Wunsch, hier zu wirken, durchdrungen sind. Doch bedürfen sie dazu einer besonderen Erlaubnis, die durch einen Erzengel erteilt werden muß. Die große Zahl der Seligen lebt auf herrlichen Sternen der jenseitigen Welt.

Gab es den sogenannten Engelssturz?

Es war ein solches Geschehen in einer Sternepoche der kosmischen Entwicklungszeit. Es verlief wie eine schwere kosmische Krankheit, die niemals wiederkehren kann.

War Luzifer der Fürst der Welt, von dem Jesus sprach? (Joh. 16,11)

Er war es, doch sein Starrsinn wurde gebrochen. Sein ursprünglich hehres Wesen beugte sich beschämt vor der Macht der Liebe, die Jesus bewies. Luzifer ist nicht gleichzustellen mit dem Satan der mittelalterlichen Anschauung, der mit Hörnern und Klauen dargestellt wurde. Er ist wirklich ein Fürst von sterngottähnlichem Rang. Sein Sterngefährte ist der Herrscher im Saturn, jene Macht also, die Schweres in euer Leben einströmen läßt zur Reifung und Stärkung eurer Seelen. Seelen, die eine Ewigkeit hindurch bestehen müssen, dürfen keine Schwächen in sich tragen.

Gehalten ist Luzifer im Willen Gottes. Kein Mensch braucht ihn zu fürchten, der sich an Gott und Jesus bindet oder in natürlicher Seelenreinheit unbewußt, also glaubenslos, auf die göttliche Stimme in seinem Gewissen hört und sich danach richtet in seiner Lebensweise. Betet zu Jesus! Selbst die schweren Schicksalsschläge aus dem Saturn werden gemildert und bisweilen verhindert durch den Schutz der Liebe, den Jesus allen gewährt, die sich ihm anheimgeben.

Luzifer beherrscht die Schattenwelt als ordnender Geist. Sein Wesen ist schillernd und unergründlich. Er ist ein Bild der Schönheit ohne die warme Ausstrahlung der göttlichen Liebe. Das Licht seiner Fackel wird erlöschen, sobald auf Erden Gott in jedem Herzen wohnt. Dann wird die Schattenwelt vergehen wie ein kleines Geschwür an einem sonst vollständig gesunden Leib. Dann werden Luzifer und den ihm dienenden Engeln von Gott andere Aufgaben zuerteilt.

Lebt Luzifer in der sogenannten Hölle?

Nein, er lebt auf einem Stern des Lichts. Auch die anderen dunklen Engel besitzen eine Zone des glücklichen Gefühls, in der sie frei sind von allen Schwingungen des zeitbegrenzten Leidens, das sie erschauen. Luzifer und alle dunklen Engel werden dereinst gewandelt und mit der göttlichen Gnade des Vergessens beschenkt.

Hildegard von Bingen schreibt, sie hätte den Teufel gefesselt in der Hölle gesehen. Was sah sie?

Sie erblickte erregende, beseligende und erschütternde Bilder der jenseitigen Sphären, aber sie vermochte nicht alles Erschaute richtig zu deuten. Auch ihr Geist ist (wie jedes Menschen Geist) nur begrenzt aufnahmefähig gewesen. Die großen Geheimnisse der göttlichen Sternenwelt entschleiern sich euch erst nach Jahrtausenden der geistigen Reifung und Höherentwicklung.

Menschen, die an einen starken Satan glauben, sehen Gott als schwachen, dem Bösen machtlos gegenüberstehenden Geist, dem sie durch Kampf gegen den Teufel zu helfen sich bemühen. Es ist aber Gottes Dreieinigkeit die All-Macht ohne Einschränkung.

Hier ergriff Sixtus meine Hand und schrieb:

Du, mein Kind, sinnst zuviel über zweifelhafte Legenden nach. Luzifer hatte den Gehorsam gebrochen. Er bekam von

Gott die Aufgabe, die schlechten menschlichen Seelen von den guten abzusondern und zu bestrafen. Durch die Strafe werden die schlechten Seelen im Kern gewandelt, so daß ihr Seelengrundstoff weitergeleitet werden kann entweder zurück zur Erde oder aber, im Einzelfall, gelenkt durch liebende Seelen, aufwärts in die lichteren Zonen der Läuterung. Viele Legenden haben sich um den Engelssturz gerankt. Doch auch den jenseitigen hohen Geistern irdischer Herkunft, die bisweilen durch mediale Menschen sprechen, fehlt die klare Einsicht in dieses kosmische Geschehen. Luzifer ist nicht zu erklären. Sein Name bedeutet Lichtträger, und er durchleuchtet erbarmungslos die menschlichen Seelen. Ein verschlossenes Geheimnis ist sein Leben.

Selbst hohe, ausgereifte Menschenseelen der Lichtsphären haben keine genaue Kenntnis von dem Geist des Widerstands, den Jesus besiegte. Sie geben euch Deutungen des Möglichen, aber keine klare Einsicht in die Wirklichkeit einer vergangenen Epoche der Sterngeschichte. Gottes kosmisches Weltgeschehen ist ein bleibendes Geheimnis für die Seligen.

Das All ist erbaut aus Streben und Widerstreben. Gereinigt vom Widerstreben ziehen Gottes Sterne nun ihre Bahnen. Die Sternenwelt ist mit Leben geistiger Art besiedelt, und überall herrscht Ordnung. Gehorsam Gott gegenüber ist oberstes Gesetz der Sphären, deren harmonischer Klang durch das All tönt.

Benedicta: Betet zu Gott, dem Allmächtigen, und schmiegt euch an Jesus im innigsten Gefühl der Liebe! Der Heilige Geist bestrahlt euch bei jedem Gebet.

Ich gebe euch ein

Gebet an Jesus Christus

Jesus Christus, du mein Gott und Herr,
bist groß wie die Ewigkeit.
Du hast keine Macht über dir
als die Macht deines Geistes,
die dich gebar.
Der Heiland der Menschheit wurdest du.
Der Gott des Kosmos weihte dein Leben
dem heiligen Ziel seiner Schöpfung:
dem edlen, erhabenen Menschengeschlecht.
Du stehst als der Mensch in Gott
über uns allen.
Du breitest deine Liebe über die Erde
wie Gottes Sonne ihre Strahlen.
Das Böse vergeht vor deines Herzens Glanz
wie Nebelschwaden im Licht der Morgensonne.
Der Jubel, der aus Milliarden Herzen
dir entgegenbricht, wird alles,
was den Bund mit Gott verabscheut,
von dieser Erde hinwegschwemmen.
Erdenglück wird aus dem Samen sprießen,
den du säst in glaubensfesten Herzen.
Seliger Zukunft sich bewußt,
wird die Menschheit sich erheben
aus der Niederung der Gegenwart
und sich deinem Geist erschließen.

Amen

ENGEL AN IHRE SCHUTZBEFOHLENEN

Semidian an einen Achtzehnjährigen

Du bist nun mit deiner Einstellung so weit gereift, daß du es begreifen kannst, wie Gott der Menschen Liebe begehrt. Gott braucht die Liebe der Menschen, damit er sie zurückstrahlen kann auf euch, die ihr hier lebt, ohne an den Vater im Himmel zu denken, den Schöpfer, dem ihr das Leben verdankt. Seine Liebe gibt dir den Weg bekannt, den du zu gehen hast auf dieser Erde. Du sollst diesen Erdenweg nun bewußt mit deinem Engel gehen.
So höre, mein Kind: Ich weile in deiner Nähe, ich habe in deinem Wohnbereich in anderer Sphäre auch ein Zuhause. Also wir Engel leben bei euch. Wenn du mich ansprichst, dann höre ich es immer. Ruf mich zu dir, so werde ich ganz nahe bei dir sein, und dann sage mir deine Wünsche und Bitten und zeige mir dabei immer dein reines Herz. Ich kann sehr, sehr viel für dich tun, wenn du bittest!

Es ist so: Die Strömung des Gebetes geht aus von deinem Gehirn und gibt mir die Kraft, auf dich besondere heilige Strömungen zurückzusenden, also dir zu helfen, auch dann, wenn ich sonst nicht eingreifen könnte.

So denke immer daran, daß du eine Seele bei dir hast, die dich ganz, ganz innig und tief liebt. Gib mir deiner Seele Reinheit, deines Herzens Liebe, und du wirst dieses Erdenleben im Sinne Gottes bestehen. Ich kenne dich ganz genau, niemals sollst du dich vor mir genieren der natürlichen Gefühle wegen, die Gott in euch Menschen alle eingegeben hat. Wir Engel bewerten nur die Seele; die erhalte dir rein, mein Kind!

Ich bin überall bei dir. Schenke du mir aber auch die Freude deiner Gebete an Gott!

Daniela zur Selbstverwirklichung

Du weißt nicht, welchen Weg du gehen sollst? Gehalten ist dein Engel in den Gesetzen Gottes. Leben ist Selbstverwirklichung, d. h. du reifst durch deine Selbständigkeit, auch wenn du Fehlentscheidungen triffst.

Also ist keiner deiner Wege falsch. Schatten und Licht findest du überall, wird dir überall zuteil.

Scheue dich nicht vor unrichtigen Entschlüssen, schwäche dich nicht durch Sorgen. Gehe frisch und wohlgemut deiner Zukunft entgegen. Setze dich über den Alltagsärger hinweg. Sei glücklich und zeige Gott, daß du Geist und Tatkraft besitzt, denn du sollst dereinst aufsteigen in die Welt der starken, reifen Seelen.

Fühlst du dich schwach und überbelastet, so rufe Erwinius an. Deiamos gibt dir alle guten Strahlungen seines Sternes Merkur. Sei gewiß, du hast die Hilfe des Himmels, aber handeln und entscheiden mußt du selbst.

Beata an eine Achtzigjährige

Du mein liebes, zutiefst gestörtes Herz, beschenken will ich dich, damit du die Wirklichkeit meines Daseins begreifst.

Du wähnst dich alt und glaubst, dein Leben neige sich dem Ende zu, berechnest deiner Tage Zahl, die dir als Gnadenfrist noch Lebensfreude schenken können. Wenn du sie reihst an deines Lebens Jahre, dann schau' zurück, jedoch vergiß die

Zeit, denn Zeit ist nichts. Beglückt erkenne, daß dein Inneres sich nicht gebildet hat durch deiner ausgeklungenen Jahre Dauer, wohl aber durch der Augenblicke Reichtum, in denen aus der Ewigkeit ein Abglanz allerhöchsten Fühlens und Empfindens auf dich herniederstrahlte.

Liebe, Freundschaft und Musik wie des Mutterherzens Glück sind dir reichlich zuerteilt gewesen, waren deiner Seele Inhalt allezeit. Ganz genauso wird es bleiben. Zähle nicht die Jahre, die vergangen sind, nicht die Jahre suche zu errechnen, die dir noch verbleiben können. Sei gewiß, es gibt kein Ende! Zweifelst du daran, so irrst du wie ein eigenwillig, unerfahren Kind. Deine Zukunft ist so groß, so reich, so weit, wie sie es am Anfang deiner Erdentage war.

»Nichts ist schwerer als der Abschied«, sinnst du traurigen Gemütes, so als stünde dir ein Abschied nah bevor. Nur ein Zugewinn an Daseinsfreude ist es, den du zu erwarten hast; Daseinsfreude, wie du sie in deinem Herzen nur erfühlst, denkst du: Liebe, Jugend, Schönheit, Glück — angereichert um das Wort: U n e n d l i c h k e i t.

So wie deine Seele sich im Kleid des Leibes jung erhielt, wird sie bleiben. Freue dich und lebe! Stärke dich im Wandel deiner Tage durch des Geistes Strömungen zu Gott, die du in Gebetesworte fassen sollst.

Fürchte dich nicht! Sei glücklich, mein Herz!

Trost zum Tod geliebter Menschen

Dianida:

Die Zukunft ist in Gottes Welt so wirklich wie das Leben hier. Abschied bringt den Herzen Leid, doch wie wunderbar ist es zu wissen, daß das Land, in das der geliebte Mensch verreisen mußte, von unbeschreiblicher Schönheit ist. Tod ist Wahn. Nichts ist der Tod!

Legt ihr ein Gewand, das abgetragen ist, mit Tränen fort? Wozu Tränen? — Herrlich ist das Leben und unvergänglich. Freut euch darüber!

Heilige Wahrheit spricht der Engel.

Lisara:

Blumen aus den Gärten des Himmels habe ich für dich. Siehst du sie auch nicht, so will ich doch dein Heim damit schmücken. Den Tod, den du betrauerst, gibt es nicht! Auferstanden ist deine Mutter in eine herrliche Welt. Sie schlief und erwachte angesichts des Engels, der sie empfing. Gereift und blütenrein ging ihre Seele ein in eine Sphäre des Lichts, wo sie mit großer Freude erwartet und empfangen wurde.

Gnadenvoll war ihr Lebensende. Schmerz und Leiden blieben ihr erspart. Durch die Schaltung der Engel wurdest du von ihr entfernt in dieser Stunde, da sie nichts als Ruhe brauchte, die dein angsterfülltes Herz nur gestört hätte.

Liebe, Lebenshilfe, Halt und Stärke gab dir deine Mutter allezeit. So gib du ihr nun den großen Frieden der Seele durch deine Demut vor dem heiligen Willen Gottes.

Schwäche nicht deine Lebenskraft durch schmerzvolle Sehnsucht. Schmiege dich innig an deinen Engel, der deine Gedanken an die geliebte Mutter wie Briefe übermittelt.

Es sind der Aufgaben noch viele, die du auf Erden zu erfüllen hast. Stärke dich im Gebet und erfühle stündlich meine Gegenwart, du mein schmerzerfülltes, tapferes Herz.

Semira zur Bekehrung zum Glauben

Du mein allerliebstes Herz, beglückt weile ich bei dir in jeder Stunde, denn du hast mir Rosen aus dem Garten der Bekehrung geschenkt. Deine Rosen blühen fort in meinem Herzen.

Zurückgekehrt bist du zum Vater, angeschmiegt hast du dich an das Herz seines Sohnes. Der Quell deiner heißen Tränen, der aufbrach aus deiner Seele Tiefe, fließt großen, heiligen Strömen zu, den Strömen der Liebe zu Gott. Scheu und Zweifel hast du überwunden, aufgewacht bist du zu heiligem Empfinden, reuevoll erkennst du nun dein Irren durch des Lebens aufgebrauchte Jahre, siehst beschämt zurück und weißt um Gottes Liebe, die zuvor du nicht erkanntest.

Aufgeschaut nun zu den Sternen! Auf zum Himmel richte deinen Blick! A l l e s kann dein Herz erlangen, nichts ist Schwere, nichts ist Schmerz. Gott erschaut dich jede Stunde und begleitet dich durch seinen Engel. Reich und stark wirst du nun werden durch des Blutes heil'ge Bindung an das Herz des Herrn der Ewigkeit.

Jesus braucht auch dich und deine Andacht, der Gebete reiche Gabe auch von dir! Scheu' dich nicht: Begehre und empfange alles, was sein unermeßlich reiches Herz dir beschieden hat.

So, als stündest du allein vor ihm im Weltenraum, liebe und empfange seine Liebe!

Worte von Jesus

Wie sehr Jesus Christus gegenwärtig ist und wie er den missionarischen Einsatz einzelner würdigt, beweist sein folgender Brief an einen Freund des Usebius-Kreises:

Sei mir gegrüßt, du mein geliebter Sohn!

Deine Heimkehr zum Vater ist gesegnet. Deine innige Zuwendung zum Herrn der Menschheit, Jesus Christus, weist dir den Weg des Heils. Aus allen Zweifeln deiner Gedanken hast du dich erhoben. Du schenkst mir der heiligen Liebe glutvolle Ströme. Du baust aus den Herzensschwingungen der Menschen, die du mir zuführst, einen Tempel der demütigen Erhabenheit, darin deine Zugehörigkeit zu mir ihre Weihe findet. Deine Liebe ist ein tiefer Brunnen, daraus dein Herr, sich neigend, schöpft, des Herzens Durst zu stillen.

Dein Herr ist Blut und Fleisch und Seele, darin das Leben ewig blüht, ist Sehnsucht und ist Einsamkeit, wenn nicht aus solchen Brunnen der Liebe heilige Wasser sich ihm bereiten. Du wirst der Brunnen viele mir noch erschließen. Zu meinen

Jüngern will ich dich nun zählen, den Jüngern dieser Zeit. In blühenden Gärten wirst du dereinst, gemeinsam mit deiner Gefährtin, den Dank deines Herrn entgegennehmen und aus der Rosen Fülle mir Sträuße binden.

Der Weisheit Becher will ich dir reichen, auf daß du ihn trinkest, die Gottheit zu ehren, die dich auf Erden schon benetzt mit dem Tau ihrer Gnade.

Jesus Christus

NACHWORT

Nachwort

Mai 1983

Sechs Jahre sind vergangen seit dem Einbruch der jenseitigen Welt in mein Leben, seit der ersten wunderbaren Begegnung mit dem Engel, der mir den Auftrag Gottes übermittelte, ein Buch zu schreiben — und immer noch erlebe ich Tag für Tag das Wunder der göttlichen Wirklichkeit, das sich mir damals offenbarte.

Ich werde manchmal gefragt, ob ich ständig Kontakt mit meinem Schutzengel habe. Ja, ich verstehe meine Benedicta, wenn sie zu mir spricht, und ich fühle ständig ihre Nähe, doch ich kann nicht auf alle Fragen der Menschen, die sich an mich wenden, von ihr Antwort erhalten. Jeder, der darum bittet, wird selbst die Hilfe seines Schutzengels erfahren und kann es erlernen, ihn durch Gefühl und Empfindung zu verstehen.

Ich lebe wie die meisten Frauen ausgelastet durch den notwendigen Einsatz für Haus und Familie und freue mich, wenn ich Stunden der Ruhe finde für Gebet und Versenkung.

Benedicta weist mich an, Wege der Stille zu gehen. »Du sollst dich auf deine heilige Aufgabe beschränken! Abwechselnd Einsamkeit und Beisammensein mit lieben Freunden, das ist deiner Bestimmung gemäß und wichtig in deinem Leben.«

Die Aussprache mit meinen Freunden, vor allem aber das jetzt vollkommene Verstehen mit meinem Mann in seelisch-geistigem Einklang helfen mir das oft Schwere, manchmal Überwältigende dieses wunderbaren Geschehens zu ertragen. Ernst und traurig ist es gegenwärtig um unsere Erde bestellt, und zwei der Marienbotschaften, die ich erhielt, setzen ein schweres Gegengewicht zu den Worten der Freude, die mir Ostern 1982 von Jesus gegeben wurden.

Am 1. Febr. 1983 gab mir Benedicta in der kleinen Wallfahrtskirche von Birkenstein die folgenden Worte: »Maria ist erschöpft durch das Leid und den Schmerz um diese Menschheit. Sie wird den schützenden Mantel ihrer Liebe zurückziehen, wenn keine Reinigung und Reifung der menschlichen Seelen auf Erden erfolgt.
Es sind sehr starke Liebesstrahlungen notwendig, um die himmlische Mutter wieder zu erfrischen! Heilige Strahlen der Liebe aus menschlichen Herzen.«

Erinnern wir uns an die Marienbotschaft »Mahnung« vom 2. 5. 1982 an die Menschheit dieser Zeit, die sich »stark und mächtig dünkt, doch elender im Leben steht als je ein Menschengeschlecht zuvor«!

Wenn wir uns nicht ändern, werden wir wieder ein »Erbeben der Seele Gottes« erleben, das, wie im Mittelalter die Pest, die Menschen zu Tausenden dahinrafft, noch ehe sich das »Blatt der Geschichte wendet«, wie Jesus es uns verheißen hat.

Wir sind gewarnt — schon sterben die Wälder!

Hoffnung aber geben uns die Worte Benedictas vom 1. März dieses Jahres: »Wunderbares wird geschehen, denn der Zustand der weltweiten Bedrohung bricht die Herzen der Menschen auf!«

»Jesus dringt jetzt in abertausend Menschenherzen ein! Seine Heilsbotschaft wird in leuchtenden Worten eingegeben in allen Strahlungen, in allen Farben, in allen Sprachen und in allen gedanklichen wie geistigen Abstufungen. Rufzeichen werden gesetzt! Und eines davon stellst du dar.

Der Menschen Wesen ist mannigfaltig und nur unterschiedlich zu erfassen. Viele Menschen brauchen Seelenstraffung durch harte Worte, andere durch Belehrungen in ausführlicher Weise, wie Kinder. Manche suchen den Weg zu Gott durch Beweise des übersinnlichen, überirdischen Daseins, also durch Experimente und Erfahrungen mit Geistwesen. Andere suchen Gott in Askese und Gebetsversenkung, in Meditation oder Selbstüberwindung, in Enthaltsamkeit, durch Entbehrungen oder durch reinigende Bußen.

Andere werden von schwerer Krankheit geheilt und erkennen darin Gottes Liebe. Wieder andere werden von Gott berührt in den heiligen Strömungen großer Musik und durch die Hoheit der Sprache ...

So sind der Mittler viele nötig, um alle Seelen zu erwecken!

Deine reine, erhabene Darreichung göttlicher Worte an die Menschen sei jenen geweiht, die reif und stark in ihrer Seele sind und reich in ihres Herzens Liebeskraft. Sie werden in unserer Welt hohe Leistungen für Gott vollbringen und Dienende am großen Schöpfungswerk im Kosmos sein!

Genesen wird die Menschheit wie in Fieberschauern und neuerstanden, wie aus schwerer Krankheit, Gott erfreuen.«

September 1983

Während eines Aufenthalts in Kärnten erhielt ich vor kurzem neue Botschaften von Maria, die ich zum Abschluß dieses Buches nun noch den Lesern übermitteln kann.

* * *

St. Anna, am Wörthersee 30. 8. 83

erhalten von Maria

Der Mantel meiner Liebe

Der Mantel meiner Liebe
schenkt euch Schutz.
Ich berge euch darin vor allem Bösen.

Der Mantel meiner Liebe ist weit,
und er umhüllt euch alle,
die ihr betend Kinder seid
und nach der Mutter ruft.

Und a l l e seid ihr meine Kinder!

Ich bin des ewigen Gottes
weibliches Empfinden,
bin seines Wesens Zärtlichkeit und Milde.

Er strahlt durch mich
wie durch ein heilig' Diadem
zu euch hernieder,
und seiner Seele Glanz
berührt euch sanfter
im Spiegel meines Herzens.

Ich bin das Band, das Menschliches
mit Göttlichem vereint.

Ich war der Demut reinster Kelch,
der Gottes Herrlichkeit empfing.

Und ich gebar den Sohn des Lichts,
der mit der Liebe Kraft
als Mensch und Gott
die kosmischen Gesetze wandelte
und euch die Welt der ewigen Seligkeit
erschloß.

St. Anna, 26. 8. 1983,
erhalten von Maria

An die Unzufriedenen, die ihres Lebens Widrigkeiten beklagen

Des Lebens Klagen dringen empor
so tausendfach –
des Lebens schwere Klagen.

Erwartet ihr des Lebens ganzes, hohes Glück
auf E r d e n schon?
Genügt es euch nicht zu wissen,
daß ihr Gottes Kinder seid?
Genügt es euch nicht, zu erben,
was der Vater in Milliarden Erdenjahren
euch erbaute?
Genügt es euch nicht,
in eine Ewigkeit hineinzuwachsen,

die Er, der höchste Geist der Sternenwelten,
für euch bereitet hat –
in tausend Himmeln der Seligkeit?
Genügt es euch nicht zu wissen:
ich bin,
ich lebe,
und es schlägt mein Herz
durch ihn,
für ihn,
geweiht durch des höchsten Sohnes Liebesgebet!

Erkennt ihr euch nicht,
erschaut ihr euch nicht
in eurer Unwürdigkeit?

Ihr lebt und klagt –
klagt und lebt doch!

Ihr blickt in den Himmel hinauf,
der über euch blaut,
empfangt der Sonne strahlendes Licht
in der Wärme der grünenden Erde,
seht die Sterne eures Weltenraums
in geordneten Bahnen ziehen,
erhaltet der Liebe Gaben noch und noch,
Geschenke in Zeit und Ewigkeit ...

O ihr Menschen,
gereicht es euch nicht, die begnadetsten Seelen
der Unsterblichkeit zu sein?
Wollt ihr schon hier des Glückes
goldenen Kelch zur Neige trinken?

Erfüllt, o erfüllt eure undankbaren,
beschatteten Herzen mit dem Glanz Gottes,
mit dem Glanz der Seele des Engels,
der bei euch weilt!
Bezwingt die Entgleisungen eures Gefühls
und erhebt euch aus der Armut
eures selbstgebundenen Denkens,
aus der Beengung eurer Daseinsangst.
Werft eures Alltags Beschwerden und
Empfindlichkeiten ab und zeigt es Gott,
daß ihr gezählt, gewogen und nicht zu leicht
befunden werdet im Maß der höchsten Richter.

Zur r e i n e n L i e b e erhebt euch, ihr Menschen,
zur reinen Liebe, die auch bereit ist,
die Bürde zu ertragen,
die des Schicksals geheimnisvolles Walten
euch auferlegt.

D e m ü t i g seid,
wie Jesus es war, als er sein Kreuz trug,
und s t o l z seid
im erhabensten Sinne des Wortes,
denn auch er war es im Wissen um
seiner Seele Herrlichkeit.

Und auch ihr wißt von eurer Seele
göttlichem Ursprung!

G l ü c k l i c h seid!
Denn niemals seid ihr allein.
Es ist ein heiliges Fühlen um euch,
ein wunderbares Trösten und Verstehen,
ein zärtlich-sanftes Streicheln und Beruhigen.

Und alles, alles verstehen die Engel,
alles, was menschlich ist.

Schmiegt euch in Gottes Arme,
wenn ihr traurig seid,
und der Engel seiner Barmherzigkeit
birgt euch, umfängt euch, umhüllt euch
mit seines Herzens Strahlung
und stärkt euch aus dem heiligen Strom
der ewigen Liebe Gottes!

Dies, meine geliebte Tochter,
der Welt zum Trost.

Maria

Beispiele von Handführungen

Die Schriften sind verkleinert
(Originalgröße DIN A 4)

Ich / Jesus Christus
brachte den Menschen
die Religion der
Liebe!

Ich bin für Euch den
schrecklichen Tod gestorben
und brachte Euch
[illegible] die Erde
und das Himmelreich
spürbar [illegible] [illegible]
erblühen
Oh Ihr Menschen
und was habt
Ihr mir angetan!

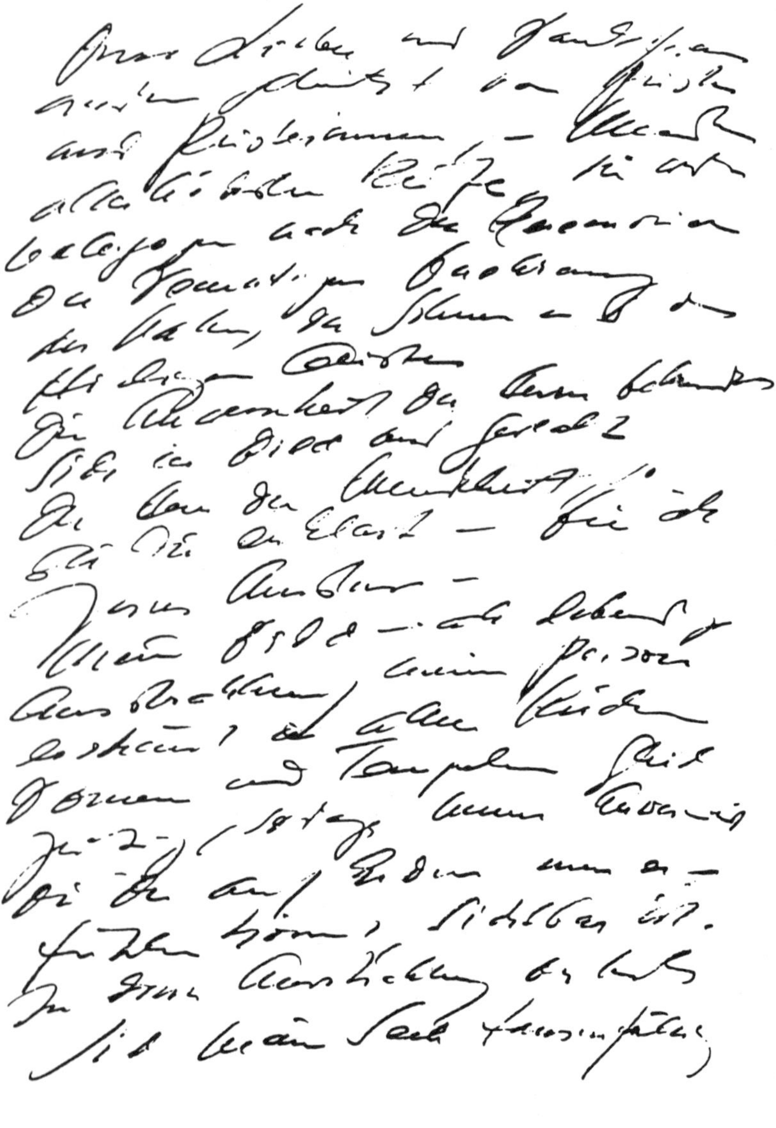

Jesus Christus

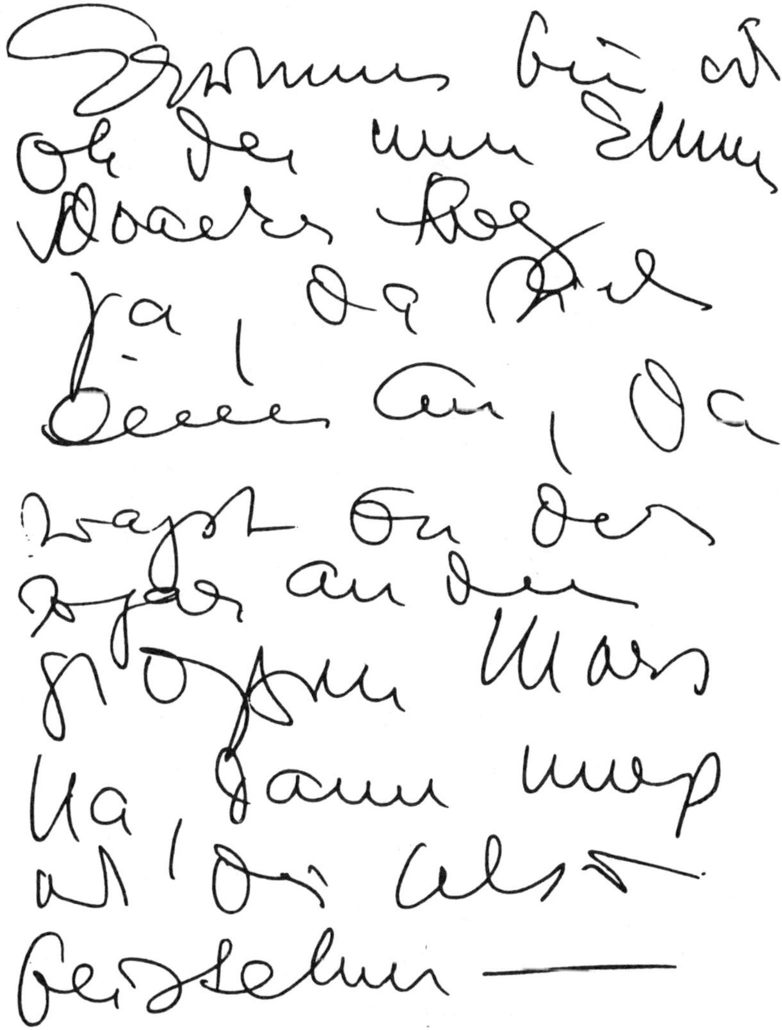

Erwinius

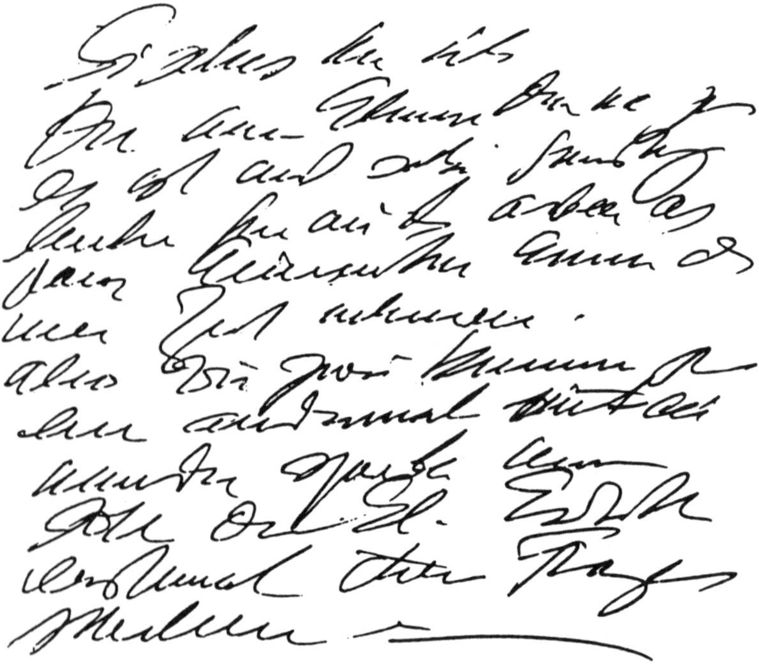

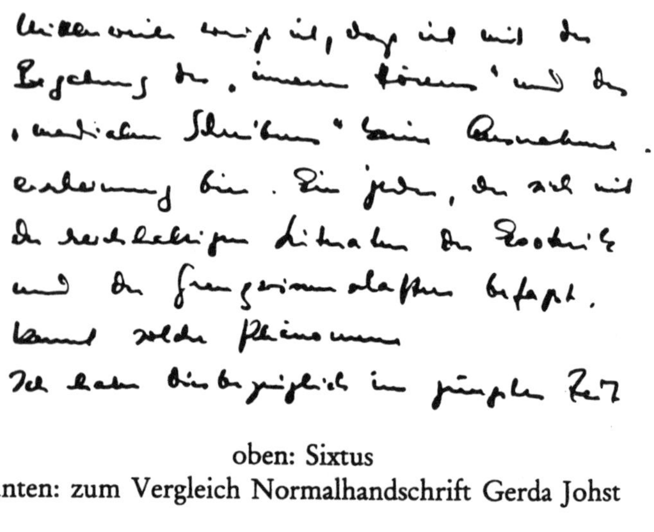

oben: Sixtus
unten: zum Vergleich Normalhandschrift Gerda Johst

Gerda Johst

IM STERNENGLANZ DER EWIGKEIT

Mit ihren 1983 und 1985 erschienenen Büchern „Das ungeschliffene Juwel – Ein Gottesgeschenk zur Zeitenwende“ und „Die Rosen meiner Liebe – Maria spricht zu uns“ hat Gerda Johst einen begeisterten und ständig wachsenden Leserkreis gefunden. Von Engeln Gottes und höchsten Geistwesen belehrt, deren Worte sie versteht und weitervermittelt, hat sie uns Offenbarungen überreicht, die ein Vermächtnis für die Menschheit darstellen.

Auch der neue Band „Im Sternenglanz der Ewigkeit“, mit bisher unveröffentlichten Aufzeichnungen, wird den Leser wieder tief berühren. Er beginnt mit einer Nachlese: die Autorin blickt noch einmal zurück auf die „Geschichte ihres Wunders“ – das Eingreifen Gottes in ihr Leben – und erzählt von den besonderen Erlebnissen mit den himmlischen Wesen, die sie führten und zu ihr sprachen. Der zweite Teil enthält Kundgaben aus der jenseitigen Welt: Engelsaussagen, Worte Marias und neue Botschaften von Jesus Christus, die uns sein göttliches Wirken in dieser Zeitenwende mit erschütternder Eindringlichkeit vor Augen führen. Den Abschluß dieses außergewöhnlichen Buches bildet ein „Gespräch“ mit Sri Aurobindo, dem großen indischen Heiligen.

274 Seiten, 13,7 x 21,3 cm, Halbleinen
ISBN 978-3-87667-199-4

Die Rosen meiner Liebe – Maria spricht zu uns

86 Seiten, 14,0 x 21,5 cm, Leinen
ISBN 978-3-87667-083-6

Gerda Johst

EIN FENSTER ZUM KOSMOS

Erlebtes – Erfahrenes – Erhaltenes

Gerda Johst, 1926 in München als Tochter des akad. Kunstmalers Ludwig Johst aus Hamburg und seiner baltendeutschen Frau aus Riga geboren, wuchs am Tegernsee auf.

Ihre künstlerische Ausbildung erhielt sie – als Doppelbegabung – beim Vater (Malerei) und in der Musik (Klavier) bei Professor J. Hobohm, München. Heirat 1962. Geburt einer Tochter 1963. Ausbruch ihrer medialen Fähigkeiten 1977.

Die Autorin, deren Bücher schon einen begeisterten Leserkreis fanden, gibt uns in ihrem neuen Buch einen sehr persönlichen, erfrischend interessant erzählten Einblick in ihr Leben und läßt uns teilhaben an dem Weg, der zu ihrem „Wunder“ führte.

Der zweite Teil des Buches enthält zeitlose, aber auch aktuelle Engelsaussagen, Worte von Maria und Botschaften von Jesus Christus, die uns in gewohnt bestechender Klarheit und Hoheit der Sprache übermittelt werden und uns zutiefst berühren.

Für jeden Wahrheitssuchenden bietet dieses Buch wieder eine Vielzahl von Antworten auf Fragen nach dem Sinn des Lebens, Gewißheit über das Weiterleben nach dem Tod und wunderbare Einblicke in die jenseitige Welt.

299 Seiten, kart ISBN 978-3-87667-266-3

LEUCHTERBÜCHER

THEODOR STÖCKMANN · DIE NATURZEIT – SCHLAFE VOR MITTERNACHT!
Der Schlaf vor Mitternacht als Kraft- und Heilquelle
144 S., Abb., kart.

FELIX SCHMIDT (HRSG.) · DER EREMIT
Erlebnisse in der Schule der Weißen Bruderschaft im Himalaya
204 Seiten, Leinen

EVA HERRMANN · VON DRÜBEN II
Weitere Mitteilungen und Gespräche
Zeugnisse von C. G. Jung, Sigmund Freud, Aldous Huxley, Teilhard de Chardin, Winston Churchill, u. a.
248 Seiten, Leinen

HENNY JUTZLER · KÖNNEN TIERE DENKEN?
Vom Wesen und Verstand der Tiere
220 Seiten, Halbleinen

WILHELM HORKEL · BOTSCHAFT VON DRÜBEN?
Außergewöhnliche Erlebnisse im Licht des Christentums
229 S., Leinen

RUDOLF PASSIAN · ABSCHIED OHNE WIEDERKEHR?
Ein Kompendium, das Zeugnis ablegt von der gegenseitigen Durchdringung der Welten / 412 S., Halbleinen

CARL WICKLAND · 30 JAHRE UNTER DEN TOTEN
Protokolle der Gespräche mit Besessenheitsgeistern
476 Seiten, Leinen oder kart.

DIE DRITTE ZEIT
Wiederkunft des Herrn. Das Zeitalter des Heiligen Geistes
Die mexikanischen Offenbarungen 1940 - 1950.
400 S., Leinen oder kart.

REICHL VERLAG · DER LEUCHTER · D-56329 ST. GOAR
Auf dem Hähnchen 34 · Tel. 06741-1720 · E-mail: post@reichl-verlag.de
Gesamtverzeichnis des Verlages auf Anfrage